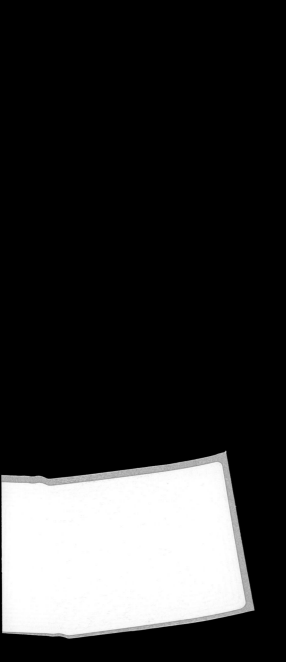

KB041338

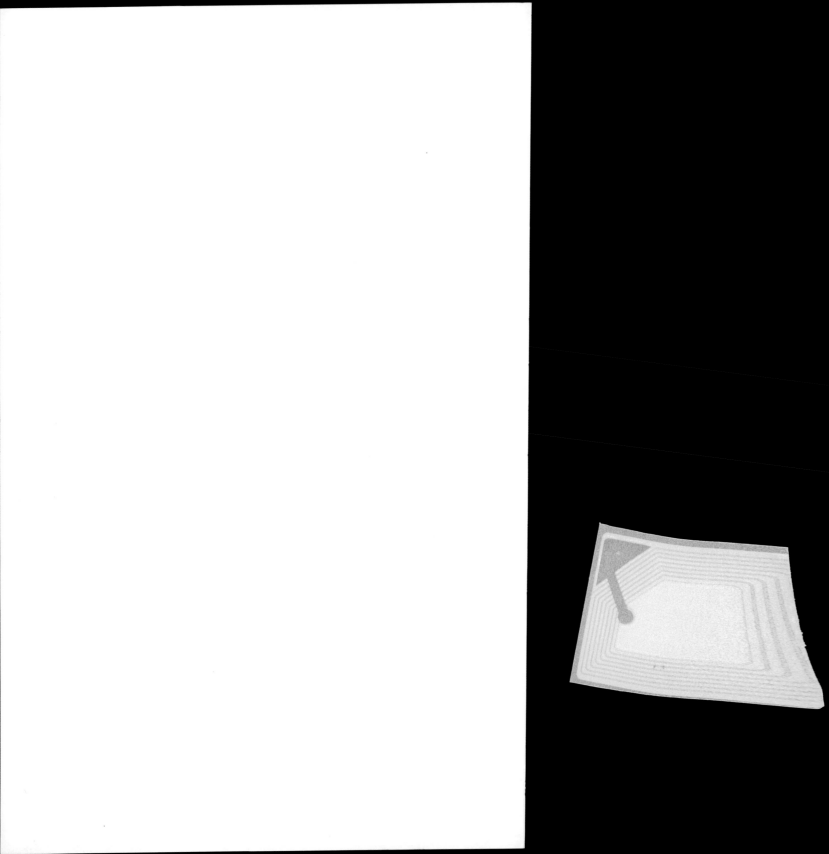

인간과 기술

인간과 기술

O. 슈펭글러 지음

양우석 옮김

서광사

이 책은 Oswald Spengler의
Der Mensch und die Technik (München, 1932)를
완역한 것이다.

인간과 기술

O. 슈펭글러 지음
양우석 옮김

펴낸이 — 김신혁, 이숙
펴낸곳 — 서광사
출판등록일 — 1977. 6. 30.
출판등록번호 — 제 6-0017호

(413-832) 경기도 파주시 교하읍 문발리 534-1
대표전화 · (031)955-4331 / 팩시밀리 · (031)955-4336
E-mail · phil6161@chol.com
http://www.seokwangsa.co.kr

제1판 제1쇄 펴낸날 · 1998년 10월 20일
수정판 펴낸날 · 1999년 8월 20일
수정판 제2쇄 펴낸날 · 2006년 11월 30일

ISBN 89-306-2142-2   93160

서문

　나는 본문에서 몇 년 이래 작업해 온 한 커다란 저작(《서구의 몰락》을 말함—옮긴이 주)에서 따 옮겨 온 몇 가지 사상을 소개하고자 한다. 《서구의 몰락》(*Untergang des Abendlandes*)에서는 배타적으로 고도의 문화 집단에 적용시켰던 고찰 방식을 그 역사적 전제, 즉 원천에서 본 인간의 역사에서 확인하고자 했다. 이 저작에서 대부분의 독자는 전체적 사상을 꿰뚫어 볼 능력이 없으며, 따라서 그들에게 익숙한 개별 영역의 한 가운데서 길을 잃고 나머지 영역을 왜곡되게 보거나 또는 전혀 보지 못하여, 내가 그 당시 말했거나 그 이전에 언급한 내용으로부터 잘못된 모습을 그려낸다는 사실을 알게 되었다. 나의 변함 없는 확신은 단지 인간의 **모든** 활동 영역을 **동시에, 비교적으로** 통찰하여 정치·종교·예술 등으로부터 다만 인간이 생존하는 개별적 **측면**들을 조명하면서 마치 이렇게 하여 모든 것이 해명될 수 있다는 듯이 믿는 것은 잘못이며, 인간의 운명이란 이러한 잘못을 저지르지 않을 경우에만 이해된다는 것이다. 그럼에도 불구하고 나는 여기에 몇 가지 물음을 제기하고자 시도했는데, 이 물음들은 서로 연관되어 있어서 인간의 운명이 지니는 커다란 비밀에 대한 잠정적 인상을 드러내기에 적합하다.

차 례

제1장 삶의 전략으로서의 기술

1

기술과 기술이 갖는 문화, 역사와의 관계의 문제는 19세기에 비로소 등장한다. 18세기는 근본적 회의 및 의혹에 가까운 의문을 가지고 문화의 의미와 가치에 대해서 물음을 제기했다. 이 물음은 너무나 광범하면서도 점차 세분화되어 갔고, 이로 인하여 현재 20세기에 세계사를 문제로서 바라보게 되는 가능성의 토대를 마련했던 것이다.

로빈슨과 루소, 영국풍의 공원 및 목가적인 시가 유행하던 시대에는 "근원적" 인간 자체에서 일종의 어린양을 보았는데, 이는 인간이 원래 평화스럽고 덕성이 있지만 후세의 문화에 의해서 더럽혀졌음을 뜻하는 것이었다. 기술적인 것은 완전히 무시되었으며 어떠한 경우에도 — 도덕적 고찰과는 대조적으로 — 가치 있는 것으로 여겨지지 않았다.

그러나 나폴레옹 이래 공업 도시, 철도 및 증기선으로써 거대하게 성장한 서유럽의 기계 기술은 마침내 문제를 매우 심각하게 만들고야 말았다. 기술이란 무엇을 뜻하는가? 기술은 도대체 역사 안에서 어떠한 의미를 가지고, 인간의 삶에서 어떠한 가치를 지니며, 또한 어떠한 인류적·형이상학적 서열을 점하는 것일까? 이 물음에 대한 수많은 대답이 있었지만, 이 모든 것은 근본적으로 두 가지로 환원될 수 있다.

한 쪽에는 이상주의자, 공상가, 괴테 시대의 인문주의적 고전주의의 낙오자들이 있었다. 이들은 기술적인 것과 경제적 문제를 문화의 외곽 및 아래에 있는 것으로 멸시했다. 괴테는 《파우스트》의 제2부에서 모든 현실적인 것을 위대한 정신으로 각성시켜 이 새로운 사실 세계의 가장 깊은 심연 속으로 침투해 들어가고자 하였다. 그러나 훔볼트에게서 이미 현실과는 동떨어진, 역사에 대한 어원학적 통찰이 시작된다. 이에 따르면 어떤 역사 시대의 등급은 결국 그 당시 출판되어 나온 그림이나 책의 수량에 의하여 판가름된다고 한다. 통치자란 그가 예술의 보호자임이 확증될 때에만 겨우 어떤 의미를 지녔다. 그가 그 밖에 무엇을 했느냐 하는 것은 주목받지 못했다. 국가란 강당이나 유식한 사람들이 모이는 토론장, 화실 등에서 생겨나는 참된 문화를 끊임없이 가로막는 것이었고, 전쟁이란 구시대에서 유래하는 믿어지지 않는 야만적 행위였으며, 경제란 매일 요구되는 것임에도 불구하고 범속하고 시시한 그 무엇으로 무시되었다. 대상인(大商人)이나 엔지니어를 시인이나 사상가와 나란히 일컫는 것은 "참된" 문화에 대한 불경죄에 가까웠다. 이에 관해서는 부르크하르트(J. Burckhardt)의 《세계사적 고찰》(*Weltgeschichtliche Betrachtungen*)을 참조해 보면 알 수 있다. 이는 대부분의 강단 철학자와 심지어 오늘날 대도시 문필가와 예술가에 이르는 많은 역사가들의 입장이었다. 이들은 소설 한 권이 완성되는 것을 비행기의 기관이 조립되는 것보다 더 중요하게 생각했다.

다른 한 쪽에는 본질적으로 영국에서 기원한 물질주의가 있었다. 물질주의란 앞 세기 후반부의 어중간한 교양인들, 자유주의 문예가들과 급진적인 민중 집단들, 스스로를 사상가요 시인으로 자처하는 마르크스주의자들과 사회주의 문필가들의 커다란 유행이었다.

전자의 경우(이상주의) 현실에 대한 감각이 결여되어 있었다면, 후자의 경우(물질주의)에는 어리둥절할 정도로 그 깊이가 결여되어 있었다. 이상(理想)은 **유용성**을 독점하여 "인류"에게 유용한 것은 문화에 속했으며 그 자체가 곧 문화였고, 그렇지 않은 다른 것은 사치·미신·야만이었다.

그런데 "다수의 행복"에 봉사하는 것이 곧 유용한 것이었다. 그리고 행복이란 무위(Nichtstun)에 있었다. 이것이 결국 벤담, 밀, 스펜서의 학설이다. 인류의 목표는 개개인으로부터 가능한 한 노동의 많은 부분을 덜어 주고 대신 그 일을 기계에게 떠맡기는 데에 있었다. "월급 노예"의 비참함으로부터의 해방, 오락, 쾌적, "예술의 향유"에서의 평등, 즉 후대의 세계 도시의 "생계와 오락의 보장"이 이루어진다. 진보에 미친 속물들은 소위 인간의 노동을 절약시켜 준다는 장치를 작동시키는 단추에 열광하며 법석였다. 이제는 전(前)시대의 진짜 종교 대신에

"인류의 성취"를 위한 천박한 열광이 들어선다. 여기서는 오로지 노동을 절약하고 오락을 즐길 기술의 진보만이 의미를 지닐 뿐이었고, 영혼(Seele)에 관해서는 아무런 언급도 없었다.

이는 극소의 예외 이외에는 위대한 발명가나 기술의 문제를 알고 있는 전문가의 취향이 아니라 스스로 아무것도 발명할 수 없고 그것을 이해하지도 못하면서 그것을 눈치로 알아냈던 방관자들의 취향이다. 그래서 모든 문명의 물질주의를 특징짓는 상상력을 완전히 결여한 상태에서 지상의 영원한 행복이라든지 대략 80년대(1780년대 ― 옮긴이 주)의 기술적 경향을 전제로 한 궁극적 목표와 영속 상태 등 미래의 모습이 설계된다. 그러나 이는 슈트라우스의 《옛 믿음과 새로운 믿음》, 벨라미(Bellamy)의 《2000년으로부터의 회고》, 베벨(Bebel)의 《여성과 사회주의》 등의 책들이 나타내는 "상태"(Zustand)를 배제하는 진보의 개념과 중대한 모순 관계에 있다. 더 이상의 전쟁도, 더 이상의 인종·민족·국가·종교의 차이도, 아무런 범죄도, 기괴한 사건도, 우월감과 차별에 의한 갈등도, 아무런 증오도, 복수도 없을 것이며 다만 모든 세기를 두루 거쳐서 무한한 쾌적함만이 있으리라는 것이다. 이러한 황당무계한 생각은 이 하찮은 낙관주의의 마지막 국면을 체험하고 있는 오늘날 여전히 혐오스럽도록 엄청난 권태 ― 로마 황제 시대의 삶의 권태 ―를 연상케 한다. 이러한 목가적 전원시를 단지 읽기만 하더라도 이 권태가 영혼을 넘어서 확장되며 사실 부분적으로만 실현된다 하더라도 대중의 살인 및 자살을 불러일으킬 지경이다.

지금 열거한 두 경우는 오늘날 낡아서 쓸모가 없게 되었다.

20세기는 마침내 사실이라는 궁극적 의미를 파고들 만큼 성숙했다. 현실적 세계사는 이 사실의 전체성에서 성립한다. 이제는 더 이상 개개인 또는 전체 대중의 사사로운 취향에 따라 사물과 사건을 자기 자신의 소원이나 희망에 짜맞추어 해석하는 합리주의적 경향은 중요하지 않다. "그렇게 되어야 한다" 또는 "그렇게 됐어야 했다" 대신에 냉철하게 "그러하고 또 그렇게 된다"라는 입장이 들어선다. 긍지 높은 회의(Skepsis)는 앞 세기의 감상(Sentimentalität)을 버렸다. 우리는 역사란 우리의 기대를 조금도 고려해 주지 않는 그 무엇임을 배웠다.

내가 이미 나타낸 바와 같이[1] 오직 인상학적 분별력만이 일어나는 모든 사건의 의미를 파헤칠 수 있다. 괴테의 시선, 시대를 넘어서서 천부적으로 인간과 삶, 역사에 정통한 자의 안목은 개별적인 것에서 그 심오한 의미를 밝혀 내는 법이다.

2

기술의 본질을 이해하려면 기계 기술, 적어도 기계와 도구를 제작해 내는 것을 기술의 목적이라 여기는 그릇된 통념에서 출발해서는 안 된다.

사실, 기술이란 상당히 오래 된 것이다. 그것은 역사적으로 특수한 것이 아니라 매우 보편적인 그 무엇이다. 기술은 인간을 훨씬 넘어서서 동물의, 말하자면 모든 동물의 삶으로까지

---

[1] *Untergang des Abendlandes*, 제1권, 2장. (이하 이 책은 *Unterg. d. Abendl.*로 약칭함.)

거슬러올라간다. 식물의 삶의 유형과는 달리 동물의 삶의 유형에는 공간에서의 자유로운 운동과 상대적인 자의성 및 여타의 전체 자연으로부터의 독립성, 그리고 이 독립성을 바탕으로 여타의 다른 자연에 대항하여 자기를 주장하고 자기의 생존에 일종의 의미, 내용, 우월성을 부여하는 필연성이 속한다. 오직 영혼으로부터만 기술의 의미는 밝혀질 수 있다.

자유롭게 움직이는 동물의 삶[2]이란 싸움 이외에 다른 것이 아니며, 삶의 전략 및 "타자"에 대한 그들의 우열성(ihre Über- oder Unterlegenheit) ─ 이 타자가 유기적 자연이든 무기적 자연이든 ─ 은 이 삶의 역사, 말하자면 이 삶이 타자의 역사에 해를 끼치느냐 또는 반대로 타자의 역사로부터 해를 입는 운명이냐를 결정짓는다. 기술이란 전체적 삶의 전략이다. 기술이란 삶 그 자체와 동일한 의미를 가지는 싸움에서의 **수법**이 가지는 내면적 형식이다.

그런데 여기서 반드시 피해야만 하는 다른 오류가 있다. 즉 기술이란 도대체 **도구**에 의해서는 이해될 수 **없다**. 문제는 물건의 제작이 아니라 그 물건을 사용하는 **수법**이며, 무기가 아니라 **싸움**이다. 그래서 현대전에서는 전략, 말하자면 전쟁 **지휘**의 기술이 결정적인 것이고, 무기를 발명해 내고 제작해 내며 응용하는 기술은 단지 전체 수행 과정의 요소로서만 타당할 뿐이며, 모든 기술이 다 마찬가지이다. 사자가 영양(羚羊)을 기만하는 기술, 외교적 기술 등 아무런 도구도 사용하지 않는

---

2) *Unterg. d. Abendl.*, 제2권, 1장, 서두.

기술은 얼마든지 있다. 이를테면 정치사(politische Geschichte)의 투쟁을 대비한 국가의 내부 형태 유지로서의 통치술, 화학적 기체 기술적 처리법, 문제를 해결하려 노력할 때의 논리적 기술, 필법, 승마, 항공 조정 등의 기술 등 얼마든지 있다. 문제는 물건이 아니라 언제나 어떤 **목표**를 향한 활동이다. 바로 이 점을 선사 시대에 관한 연구는 종종 보지 못하고 지나쳐 버린다. 이 연구는 너무나도 박물관에 소장된 유물들만을 염두에 둔 나머지 수많은 절차상의 수법들을 고려하지 않는데 그것들은 분명히 존재했었으나 후세에 아무런 흔적도 남기지 않았을 뿐이다.

모든 기계는 오직 절차 수법에 **봉사**할 뿐이며 이 **절차 수법**의 사고(思考)로부터 생겨났다. 모든 교통 수단은 타기, 헤엄치기, 항해하기, 날기 등의 사고에서 발전한 것이지 자동차나 배를 고안해 냄으로써 발전한 것은 결코 아니다. 방법 자체가 일종의 무기이다. 그러므로 기술이란 결코 경제의 한 "부분"이 아니며 이는 경제가 전쟁이나 정치와 병행하는, 독자적으로 존속하는 삶의 한 "부분"이 아님과 마찬가지이다. 이 모든 것은 **활동하고 투쟁하며 노심초사하는** 삶의 한 측면들이다. 그런데 이러한 사실은 분명히 원시적 동물들의 원시적 전쟁으로부터 현대의 발명가나 기술자의 절차 수법으로, 마찬가지로 원시적 무기나 꾀로부터 기계의 제작에 이르는 길을 인도한다. 이 기계의 제작으로써 자연을 상대로 한 오늘날의 전쟁이 수행되는 것이며, 이에 의해 자연이 기만당하여 정복되는 것이다.

이를 진보라고 이야기한다. 이는 앞 세기의 대명사였다. 이들은 역사를, "인류"가 씩씩하게 계속 앞으로 행진하는 탄탄대로처럼 눈앞에 펼쳐져 있는 것으로 보았다. 이를테면 여기서 말하는 인류란 근본적으로 백인종, 그리고 그 가운데서도 대도시의 시민, 다시 그 중 오직 "교양인"만을 의미하였다.

그런데 어디로? 얼마 동안? 그리고 그 다음에는 어떻게 되는 것일까?

이 전진이란 진지하게 생각해 본 적도 없고 또 분명히 표상해 보려는 시도를 감행해 보지도 않은 목표를 향한 무한한 것으로서 좀 우스꽝스러운 행진이었다. 이때의 목표란 종말이기 때문이다. 어느 누구도 그가 원하던 것을 달성하는 순간을 생각해 보지 않고는 아무것도 하지 않는 법이다. 어느 누구도 그 지속 과정과 결과를 염두에 두지 않고는 전쟁도 항해도 산책도 하지 않는다. 진정 생산적인 사람은 어떤 일의 완성이 몰고 오는 공허함을 알고 또 두려워한다.

완성은 발전에 귀속되고 — 발전은 그 시초를 가지며 완성이란 곧 종말이므로 — 노인은 청년에, 소멸은 발생에, 죽음은 삶에 속한다. 사고(思考)가 현재에 속박되어 있는 동물은 죽음을 어떤 미래적인 것, 그를 위협하는 것으로 알지도 예감하지도 못한다. 동물은 단지 죽임을 당하는 순간의 공포만을 알고 있을 뿐이다. 그러나 그 사고가 지금 여기라는 속박을 벗어나서 어제와 오늘, 과거와 미래를 넘어서서 종횡무진 침잠할 줄 아는 인간은 죽음을 미리 알며, 그가 이 종말에 대한 공포를 극복하느냐 그렇지 못하느냐의 여부는 그의 본질과 세계관의 깊이에 달려 있다. 일리아드(Iliad)에 전해져 내려오는 고대 그리스의 전설에 의하면, 아킬레스의 어머니는 아킬레스로 하여금 긴 삶이냐 아니면 짧고 만족스런 행위와 명예냐를 선택하도록 했는데, 그는 후자를 선택했다고 한다.

인간은 모든 삶이 **무상하다**는 사실을 견디어 내기에는 너무나도 무력하고 나약했으며 현재도 그러하다. 사람들은 이 무상함을 근본적으로 아무도 믿지 않는 장밋빛 진보 낙관론으로 포장하고 문학으로 은폐시키며 그렇게 아무것도 보지 않으려고 이상(理想)의 뒤꽁무니로 숨어든다. 그러나 이 무상함, 생성과 소멸은 우리로서는 그 운명을 예측할 수조차 없는 천체에서 이 혹성(지구) 위를 질주하는 군중들에 이르기까지 **모든 현실적인 것의 형식**이다. 개별자 — 동식물이든 인간이든 — 의 삶은 민족이나 문화의 생명과 꼭 마찬가지로 무상하다. 모든 피조물은 멸망하기 마련이며 모든 사상·발명·행위는 잊혀지기 마련이다. 우리는 도처에서 사라져 가는 역사 흐름의 거대한 운명을 알고 있다. 멸망해 버린 문화의 **존속했던** 작품들이 파괴된 폐허가 도처에 우리의 눈앞에 가로놓여 있다. 신적인 힘을 인간에게 예속시키고자 하늘에 손길을 뻗친 프로메테우스의 오만불손함도 전복되고야 만다. "인류의 영원한 업적"이라는 요망한 궤변이 다 무엇이란 말인가?

세계사는 우리 시대가 꿈꾸는 것과는 매우 달라 보인다. 천체계의 수명은 차치하고라도 이 혹성에서의 식물이나 동물계의 역사에 비추어 보아도, 인간의 역사는 짧아서 수십 세기가 안 되는 급격한 상승과 하강을 가진, 지구의 운명에서 보면 극히 미미하다. 그러나 그곳에 태어난 우리에게는 비극적인 거대함과 강압성을 띠고 있다. 그런데 우리 20세기의 인간은 눈에 띄게 하강하고 있다. 역사에 대한 우리의 안목, 역사를 서술하는 능력은 이 길이 후퇴하고 있다는 사실의 숨길 수 없는 징표이다. 오직 높은 문화의 정상에서만, 이 문화가 문명(Zivilisation)으로 이행할 때에만 단 한순간 꿰뚫어 보는 이러한 인식의 재능이 나타난다.

무한한 우주의 그 어딘가에서 짧은 시간 동안 궤도를 그리는 이 작은 혹성이 "영원한" 성운의 집단 가운데서 어떤 운명을 짊어지고 있는가 하는 것은 지극히 사소한 일이다. 하물며 이 혹성 위에서 그저 몇 순간을 움직이고 마는 것(인간)이 무엇인가 하는 것은 더더욱 사소한 일이다. 그러나 그 자체로 보면 아무것도 아닌 우리 개개인은 말할 수 없이 짧은 순간 동안의 삶을 위하여 이 무리들 속으로 내던져진 것이다. 바로 그렇기 때문에 이 조그만 세계, 이 "세계사"가 우리에게는 더할 나위 없이 중요한 것이다. 이를 넘어서서 우리 각 개인의 **운명**이란 우리가 단순히 태어남으로써 이 세계사 일반에 등장하게 되었다는 사실뿐만이 아니라 그가 일정한 세기에, 일정한 나라에, 일정한 민족에, 일정한 종교에, 일정한 신분에 처하게 되었다는 점이다. 우리는 기원전 3000년경의 이집트 농부의 아들이 될지, 페르시아의 왕자 또는 현대의 부랑자의 아들이 될지를 선택할 수 없다. 이 운명 또는 우연에 복종할 수밖에 없다. 운명은 능력의 상태, 안목, 업적을 선고한다. 철학자들이 제멋대로 지껄이는 것처럼 도대체 "인간 자체" 따위란 존재하지도 않으며, 어떤 시대, 어떤 장소, 어떤 인종의, 주어진 세계와의 투쟁에서 승리하거나 혹은 패배하는 개인적 양식의 인간만이 존재할 뿐이다. 반면에 전 우주는 하느님의 보살핌을 받지도 않고 그서 그렇게 주변에 머무를 뿐이다. 삶이란 곧 투쟁이다. 즉 이것은 니체가 말한 잔혹하고 무자비한 권력에로의 의지에서 유래하는 투쟁이며 축복 없는 투쟁인 것이다.

제2장 초식 동물과 육식 동물

3

그것은 인간이 육식 동물(맹수)이기 때문이다. 몽테뉴나 니체와 같은 섬세한 사상가들은 늘 이 사실을 알고 있었다. 모든 농경 민족과 유목 민족들의 고대 동화나 속담 가운데에 있는 삶의 지혜, 풍요한 삶을 누리는 정치가와 군 지도자, 사업가와 판사 같은 인간 이해에 정통한 위대한 사람들의 우스운 통찰, 실패한 세계 개선자들의 절망 그리고 노발대발하는 목사들의 꾸지람 등은 절대로 이 사실에 대해서 침묵하거나 부정하려는 것과는 동떨어져 있었다. 오직 이상주의 철학자들이나 여타 신학자들의 장중한 근엄성만이 조용한 가운데 올바로 깨달았던 것을 인정하지 못하였다. 이상주의자들은 겁쟁이들이다. 그럼에도 불구하고 그들의 저서는 야수와도 같은 인간들에 관해서는 모르는 체 슬그머니 빠져나가는 아름다운 격언들을 늘어놓기 일쑤였던 것이다.

그러나 이러한 시각은 결국 문제를 심각하게 만들고 말았다. 이 시대에 여전히 가능하고 또한 가치 있는, 최후의 철학적 태도인 회의(Skepsis)는 더 이상 대충 말하고 지나가는 것을 허락하지 않는다. 그럼에도 불구하고, 아니 바로 그렇기 때문에 나는 전(前)세기의 자연 과학이 발전시켰던 시각을 반대한다. 동물의 영역을 해부학적으로 고찰하고 질서지우는 것은 그 유래에 걸맞게 철두철미 물질주의적 관점에 의해서 지배된다. 신체의 모습이, 오직 인간의 눈에 비치는 그대로의 모습이, 게다가 절단되고 화학적으로 해부되어, 실험으로 인하여 망가진 신체의 모습이 린네가 정초하고 다윈 학파가 고생물학적으로 심화시킨 체계, 즉 정적이고, 광학적인 개별성의 체계로 되었다면, 이와 나란히 이와는 전혀 다른, 생명의 양식이 갖는 비체계적인 질서가 존재한다. 이 질서는 모든 농부나 또는 진정한 시인, 예술가가 잘 알고 있듯이 내면적으로 감응된 나와 너의 유대에 의해서 그리고 배우지 않고서 함께 체험함으로써만 이해된다. 나는 즐겨 동물적 생명의 양식에 성립하는 인상학[1]과 동물의 영혼의 양식에 관하여 곰곰이 생각하곤 하는데, 신체의 구조에 관한 체계 이론은 동물학자에게 위임해 버린다. 이렇게 되면 전혀 다른, 신체의 서열이 아닌 생명의 서열이 드러난다.

한 포기의 식물은, 단지 제한된 의미에서의 생물이긴 하지만, 생명을 가지고 살아간다[2] 사실상 생물은 식물 속에 아니

---

1) *Untergang des Abendlandes*, 제1권, 2장, §§4~5. (이하 이 책은 *Unterg. d. Abendl.*로 약칭함.)
2) *Unterg. d. Abendl.*, 제2권, 1면 이하.

면 그 주위에 산다. "식물"이 호흡하고 "식물"이 양분을 섭취하며 "식물"이 번식한다. 그럼에도 불구하고 그 식물은 아주 본래적으로 이 과정들의 무대에 지나지 않는다. 이 과정들은 그 주위 자연의 과정들, 즉 밤과 낮, 지표에서의 햇빛의 투사와 비등 등과 더불어 일체를 이루고 있어서 식물은 스스로 무엇을 원할 수도, 선택할 수도 없는 형편이다. 모든 것은 식물과 더불어, 그리고 식물 가운데서 일어난다. 식물은 머무를 장소도, 영양도, 더불어 후세를 생산해 낼 다른 식물도 찾지 않는다. 식물은 스스로 움직이지 않고, 바람·열·빛이 식물을 움직인다.

이러한 양식의 생명을 넘어서서 동물이라는, 자유롭게 움직이는 생명이 나타나는데, 이것들은 두 단계로 나뉜다. 이 중에서 하나는 단세포를 가진 원생 동물로부터 헤엄치는 새(Schwimmvögeln)와 유적(발굽) 동물에 이르는 모든 해부학상의 종별을 망라한 양식이다. 이들의 생명은 스스로를 보존하기 위하여 영양분을 공급해 주는, 움직이지 못하는 식물계에 의존한다. 식물은 날지도 못하며, 자신을 방어할 수도 없다.

그런데 이를 넘어서서 다른 동물에 의지하여 살아가는 둘째 양식의 생명이 나타난다. 이들의 생명은 (다른 동물을) 죽임으로써 성립한다. 이들의 먹이 사냥 자체는 매우 민첩하고 전투적이며 온갖 꾀를 풍부하게 갖추고 있다. 이러한 양식의 생명 역시 모든 종족의 체계에 널리 퍼져 있다. 작은 물방울부터가 일종의 전장이다. 지상에서의 전투를 끊임없이 보아 온 탓에 이를 자명한 것으로, 심지어 그런 것이 있다는 사실조차 잊고 있는 우리는 오늘날 환상적으로 아름답고 깊은 호수가 사실은 죽고 죽이는 생명의 전장이라는 사실을 전율을 느끼며 본다.

육식 동물(맹수)은 자유롭게 움직이는 생명의 최고 형태이다. 이는 타자나 자기 자신의 자유와 자기 책임성, 독존에 있어서의 최대치임과 동시에 **투쟁**하고, 승리하며, 또한 **파괴**하며 자기를 주장하는, 필연성의 극단임을 의미한다. 인간이라는 유형 역시 육식 동물이라는 높은 서열을 점한다.

초식 동물은 그 운명상 사냥의 대상이지만 싸움을 하지 않고 달아남으로써 이 숙명을 벗어나고자 한다. 육식 동물은 약탈을 **자행**한다. 초식 동물은 가장 내면적인 본질에 있어서 방어적인 반면, 육식 동물은 공격적이고 강인하며 잔인한 동시에 파괴적이다. 움직임의 행태가 벌써 이 양자를 구분하도록 해 주는데, 초식 동물은 기어다니는 습성, 빨리 달리기, 지그재그로 달리기, 도피 및 자기 은폐를, 육식 동물은 공격할 때의 **직선적 운동**, 즉 사자의 도약 및 독수리의 급강하 등을 보여 준다. 강약의 스타일로 나타나는 꾀와 책략이 있다. 오직 육식 동물만이 인간적 의미에서 영리하다. 즉 **능동적으로** 영리하다. 초식 동물을 이와 비교해 보면 "정직한" 비둘기나 코끼리뿐만 아니라 소·말·사슴과 같이 가장 귀족적인 유적(발굽) 동물들조차도 매우 어리석다. 이들은 화가 치밀거나 성적인 자극이 있을 때에야 비로소 싸울 수 있고, 그 이외에는 스스로를 자제하므로 어린아이도 이들을 몰 수 있다.

동작의 차이보다도 감각 기관의 차이가 더욱 두드러진다. 그래서 감각으로써 "세계"를 소유하는 양식이 구별된다. 모든 생물은 자연 환경 가운데에 살기 마련이다. 그것을 깨닫거나 아니면 반대로 환경에 의하여 스스로를 깨닫도록 하든지 말든 지 간에 그러하다. 촉각을 가지고 질서 있게 정리하며 이해하는 감관의 도움으로, 신비적이며 인간의 사유에 의해서는 설명할 수 없는 종류의 동물과 환경 사이의 관계에 의해 비로소 환경으로부터 유래하는 각 개체를 위한 환경 세계가 나타난다.[3] 고등한 초식 동물은 청각 이외에도 후각에 압도되는 데 반하여, 고등한 육식 동물은 눈으로 상대를 제압한다. 후각은 본래 방어의 의미를 갖는다. 코는 위험의 출처와 그 거리를 추적하여 도망칠 때 위험물로부터 벗어난 합목적적 방향을 부여해 준다.

그러나 육식 동물의 눈은 목표를 제공해 준다. 커다란 육식 동물의 두 눈은 인간의 경우처럼 환경의 한 점에 고정됨으로써 이미 사냥 대상 동물을 꼼짝 못하도록 만든다. 적의에 찬 눈길에 이미 희생물이 빠져나갈 수 없는 운명과, 다음 순간의 공격이 들어 있다. 앞이나 좌우로 향한 눈길을 고정시킨다는 것은 말하자면 인간이 세계를 모습으로서, 자기의 시야 앞에 놓인 세계로서, 즉 빛과 색채뿐만 아니라 무엇보다도 원근법적인 간격, 공간과 그 가운데서 일어나는 운동 및 일정한 장소에 의존하는 대상 등을 골고루 갖춘 세계로서 소유하는 것과 같은 의미에서 볼 때, 세계의 출현과 같은 뜻이다. 이처럼 가장 품위 있는 육식 동물만이 소유하는 시야의 양식 가운데

---

3) v. Üxküll : *Biologische Weltanschauung* (1913), 67면 이하.

·에―유적 동물과 같은 초식 동물은 측면에 붙은 눈을 가지고 있어서 각각의 눈은 비원근법적인 다른 인상을 준다―이미 지배의 이념이 있다. 세계의 모습은 눈에 의해 **지배된 환경 세계**이다. 육식 동물의 눈은 사물을 그 상태와 떨어진 거리 간격에 따라 규정한다. 이 눈은 지평(Horizont)을 알고 있어서 **전장**에서 공격의 대상과 그 조건을 측정한다. 추측과 정찰―노루와 매―은 마치 노예와 주인의 관계처럼 행동한다. 이 광활하고 고요한 시야 가운데에 무한한 힘을 가졌다는 느낌이 자리잡고 있다. 이 느낌은 **우월감**에서 나오며 보다 큰 **폭력**에 의거하는 자유의 느낌이며 결코 어느 누구의 약탈 대상도 아니라는 확신이다. 이로 보아 세계는 곧 약탈 대상이며 결국 인간의 문화도 이 사실에서 성장해 왔다.

그런데 결국 이러한 천부적 우월성의 사실은 밖으로는 무한히 멀리 떨어진 빛의 세계에로, 안으로는 강인한 동물의 영혼의 양식에로 심화되어 왔다. **영혼**, 이 말에서 느껴지며 그 어느 학문도 그 본질을 구명해 낼 수 없는 비밀스러운 그 무엇, 신적으로 혹독하고 신적으로 보살펴지지 않은 세계를 지배하거나 혹은 그것에 굴복해야만 하는, 이 살아 있는 신체에 깃들인 신적인 섬광, 우리 인간이 우리 안에서나 타자 속에서 영혼이라 느끼는 그것은 우리를 둘러싸고 있는 빛의 세계의 **반대극**(Gegenpol)인데, 인간의 사유와 예감은 이 가운데에 세계 영혼이 존재한다고 가정하기를 좋아한다. 본질이 **고독**하면 고독할수록, 자기 주위에 있는 모든 세계에 대적하여 더욱 단호하게 자기 스스로의 세계를 형성하면 형성할수록, 영혼은 더욱더 강하게 인각되기 마련이다. 사자의 영혼에 반대되는 것은 무엇일까? 소의 영혼이다. 초식 동물은 많은 숫자, 즉 함께 느끼고 행동하는 무리를 이루어 이 강하고 개별적인 영혼을 대적한다. 그런데 타자를 적게 필요로 하면 할수록 그만큼 더 강한 법이다. 육식 동물은 만물의 적이다. 그는 자기의 구역 내에서 자기와 대적할 만한 것은 용납하지 못하는 성미이다. 소유물이라는 제왕적인 개념이 바로 여기에 그 뿌리를 둔다. 소유물이란 곧 그 속에서 무제한의 힘, 즉 상대방에 대항하여 자기를 방어하여 싸우고 압도적으로 자기를 주장하는 힘을 행사하는 왕국이다. 이는 단순한 소유에 대한 권리가 아닌 자기 지배적 **관리**와 **통치**에 대한 권리이다.

상황을 올바르게 이해하고 나면, 육식 동물의 윤리와 초식 동물의 윤리라는 것이 존재한다. 어느 누구도 이것을 변경시킬 수는 없다. 이것은 전체 생명의 내면적 형식·의미·전략이다. 이것은 그저 단순한 **사실**이다. 우리는 생명을 파멸시킬 수는 있겠지만 그 종족을 변경시킬 수는 없다. 예컨대 동물원에 갇혀 길들여진 육식 동물은 영혼적 불구이고, 세계의 질병(세계로부터 격리된)에 걸렸으며 내면이 파괴되어 있다. 사로잡히면 자유 의사로 먹이를 먹지 않고 굶는 육식 동물도 있다. 초식 동물은 가축이 되어도 먹이를 먹지 않고 굶주리는 일이 없다.

이것이 초식 동물의 운명과 육식 동물의 운명 사이의 차이점이다. 초식 동물에게는 위협적이기만 한 것이 육식 동물에게는 베푸는 것이 되기도 한다. 초식 동물은 억압되어 있고 소극적으로 나약하게 행동하는데, 육식 동물은 힘과 승리, 우쭐대

기와 증오로 자기를 드러낸다. 인간은 초식 동물을 괴롭히며, 그 스스로 육식 동물이다. 외면적 자연을 상대로 한 내면적 자연의 싸움은 더 이상 불행으로 받아들여지지 않고—쇼펜하우어와 다윈은 이를 생존을 위한 싸움이라 생각했다—자신을 고상하게 하는 생명의 커다란 의미로 여겨졌으며, 니체는 이를 운명에 대한 사랑이라 보았다. 인간이란 바로 이러한 종족에 속한다.

4

인간은 "천부적으로 착하"거나 어리석은 바보가 아니요 또 헥켈(Haeckel)이 묘사하고 막스(G. Max)가 그려냈듯이[4] 기술적 경향을 가진 어중간한 원숭이도 아니다. 또한 루소가 말하는 천박한 결점이 이러한 풍자에 걸맞는다. 반대로 인간 생존의 전략은 뛰어나게 대담하고 교활하며 잔인한 육식 동물의 전략이다. 그는 공격적·살인적·파괴적으로 살아간다. 존재해 온 이래로 지배자가 되고자 한다.

---

4) 해부학자들의 단순한 체계적·분류적인 광적 집착만이 인간을 원숭이에 근접시키고 있을 따름이며, 이는 오늘날 너무 성급하고 피상적인 것임이 드러났다. 그 스스로 다윈주의자였던 클라치의 《인류의 생성 과정》(Der Werdegang der Menschheit), 1920, 29면 이하 참조. 바로 이 "체계"에 있어서 인간은 모든 질서에서 멀리 떨어져 밖에 머문다. 인간의 육체 구조가 보여 주는 많은 특징들은 매우 원시적이고 다른 점에서 또다시 예외 현상을 보여 준다. 인간의 생명을 고찰하는 우리에게는 이것이 중요한 것은 아니다. 인간은 그 운명에 있어서 영혼적으로 일종의 육식 동물이다.

그러면 정말로 "기술"은 인간보다 오래 되었을까? 아니다. 그렇지는 않다. 이것이 인간과 다른 모든 동물 사이의 현격한 차이점이다. 다른 동물의 기술이란 종족의 기술이다. 이 기술은 발명적인 것도 아니며, 배울 수도 발전될 수도 없는 것이다. 꿀벌류는 이 지상에 생존해 온 이래로 늘 오늘날의 것과 똑같은 집을 지어 왔고, 이 지상에서 사라질 때까지 그러할 것이다. 벌집이라는 것도 날개의 형태나 신체의 색채와 마찬가지로 꿀벌류에 소속된 것이다. 동물학자들의 해부학적 입장만이 신체 구조와 생활 양식을 분리시킬 뿐이다. 신체가 아닌 생명의 내면적인 형식에서 출발하게 되면 생명의 전략과 신체의 분절 구조는 동일하여, 이 양자는 하나의 유기적 현실의 표현이 된다. "종족"이란 가시적인 평온이 아닌 운동성의, 그리 존재함이 아닌 그리 행동함(So-tun)의 한 형식이다. 신체의 형태는 곧 **활동하는** 신체의 형태이다.

꿀벌·흰개미·해리(海狸)는 놀라운 집을 짓는다. 개미는 식물을 재료로 한 건축, 길 닦기, 노예 제도, 전쟁 등을 알고 있다. 젖 먹이기, 성 쌓기, 질서 정연한 행렬 짓기 등은 매우 광범하게 시행되고 있다. 인간이 할 수 있는 모든 것을 개별적 동물들 역시 이루어 왔다. 이 모든 것은 자유롭게 움직일 수 있는 생명에게는 일반적으로 **가능성**으로서 잠자고 있는 경향들이다. 인간은 **전체**의 생명에 있어서 도달할 수 없는 것은 해내지 못한다.

그럼에도 불구하고—이 모든 것은 근본적으로 인간의 기술과는 아무런 관계가 없다. 종족의 기술은 **불변한다**. "본능"이라는 말이 이를 의미한다. 동물의 "사고"는 직접적인 지금과 여기에 붙잡혀 있어서 과거와 미래를 알지 못하므로 또한 경험도 근심도 모른다. 암컷 동물이 새끼를 "근심스럽게 돌본다"고 말하는 것은 옳지 않다. 근심이란 미래를 내다보면서 무엇이 닥쳐오리라는 것을 알고 있음을 전제로 하는 감정이며, 이는 마치 부끄러움의 원인이 과거에 있었던 것을 알기 때문인 것과 마찬가지이다. 동물은 후회할 수도 절망할 수도 없다. 젖먹이기는 다른 모든 것과 마찬가지로 삶의 여러 가지 유형에 있어서의 불분명하고 알지 못하는 상태에서 행해지는 활동일 뿐이다. 이는 **종족에 속할 뿐, 개별 존재에 속하지 않는다**. 종족의 기술은 불변할 뿐만 아니라 비개성적이다.

　오직 인간의 기술만이 인간 종족의 생명에서 **독립하여 존재**한다. 이처럼 개별 존재가 종족의 강제로부터 벗어나 있다는 사실은 생명의 전체 역사에 있어서 유일한 경우이다. 이 사실이 의미하는 엄청남을 파악하려면 오래 생각해 보아야 한다. 인간의 생명에 있어서의 기술은 의식적, 자의적, 가변적, 개성적, **발명 가능적**이다. 그것은 학습되고 개선된다. 인간은 자기의 생명 전략의 **창조자**로 되었다. 기술은 인간의 위대함이자 운명이다. 이 창조자적 생명의 내면적 형식을 **문화**라 한다. 우리는 문화를 소유하고 창조하며 문화에 의존한다. 인간의 창조는 개성적 형식에 있어서의 이 현존의 표현이다.

제3장 인간의 출현 : 손과 도구

5

언제부터 이러한 유형의, 발명에 재능이 있는 육식 동물이 존재한 것일까? 이것은 '인간은 언제부터 존재했을까?' 라는 물음과 같은 뜻이다. — 인간이란 무엇인가? 무엇에 의해서 인간이 되었을까?

그 대답은 손의 출현이다. 손은 자유롭게 움직이는 생명의 세계에서 유례 없는 무기이다. 손을 다른 동물들이 갖고 있는 앞발, 부리, 뿔, 이빨, 꼬리 지느러미 등과 비교해 보자. 어떻게 보면 촉각은, 손을 청각 기관 및 시각 기관과 나란히 촉각 기관으로 간주할 만큼 손에 집중되어 있다. 손은 비단 따뜻한 것과 차가운 것, 단단한 것과 부드러운 것, 강인한 것과 약한 것뿐만이 아니라 특히 저항의 무게, 형태, 장소, 한마디로 공간 속에 있는 사물들을 구별한다. 이를 넘어서서 생명의 활동은 완벽하게 손에 집중되어 있다. 신체의 전체적 태도와 과정이—동시에—손의 관점에서 형성되어 있을 정도이다. 이처럼 촉각 기능과 활동 기능을 겸한 손과 비교될 수 있는 수족을 가진 존재는 이 세상에 없다. 이 육식 동물의 눈이 세계를 "이론적으로" 지배하는 데 비해 인간의 손은 그 실제적 지배자로 등장한다.

번개나 지진 또는 세계사에 있어 결정적인 모든 것처럼 우주적 흐름을 탄 속도와 비교해 볼 때, 인간의 손은 갑자기 나타났음에 틀림없고 최고의 의미에서 매우 획기적인 일이다. 우리는 뤼엘(Lyell)의 지질학적 연구 이래 "진화" 개념에 통용되는 전(前)세기의 통찰을 도외시해야만 한다. 점액질처럼 서서히 움직이는 변화는 영국적 기질엔 맞을지 몰라도 자연에는 들어맞지 않는다. 이 변화를 뒷받침하려면 수백만 년을 허비해야만 할 것이다. 측정 가능한 시공 안에서는 이런 것이라고는 아무것도 나타나지 않았기 때문이다. 그런데 만일 지질학상의 지층들은 그 양식과 유래를 알 수 없는 파국적 대변동에 의해서 분리되지 않았더라면 서로간에 구분될 도리가 없을 것이며, 또한 만일 화석 동물이 갑자기 나타나서 사멸에 이르기까지 변화하지 않고 보존되어 있지 않았다면 그 종류조차도 분간할 수 없을 것이다. 우리는 아무리 노력하고 해부학적 비교를 해 보아도 인간의 "조상"에 대해서는 아무것도 알지 못한다. 어떻든 인간의 두개골이 등장한 이래 인간은 오늘날의 모습과 똑같이 그렇게 존재한다. 어떤 민족에서건 "네안데르탈인"을 볼 수 있다. 손, 직립 보행, 목의 움직임 등이 계속적, 동시적으로 발달되었으리라 보는 것은 불가능한 일이다. 오히려 이 모든 것은 한꺼번에 갑자기 존재하게 되었다.[1] 우리가 그것을 파악하고 근거를 제시할 수 있는지의 여부와 관계없이 세계사는 파국적 대변동에서 파국적 대변동으로 그렇게 진보하는 법이다. 드 프리스(H. M. de Vries)[2] 이래 오늘날 이를 돌연변이라 부른다. 이는 갑자기 한 종족의 모든 개별 사례에 미치는 일종의 내적인 변동으로 현실 가운데에 있는 모든 것들이 그러하듯이 그 "원인"이 불분명하다. 이는 현실적인 것의 비밀스러운 율동이다.

그런데 인간의 손, 보행, 태도만이 아니라 손과 도구도—지금까지 어느 누구도 이 점에 주목하지 않았다—동시에 출현했음에 틀림없다. 무기로 무장하지 않은 손이란 그 자체로서 별의미가 없다. 손은 그 자체 무기가 되기 위하여 무기를 요구한다. 도구가 손의 형태로부터 형성되었듯이 반대로 손은 도구의 형태에 맞추어 이루어졌다. 이를 시간적으로 분리시키려는 것은 무의미한 일이다. 형태를 갖춘 손이 아무리 짧은 시간이라도 도구 없이 활동하고 있었으리라 보는 것은 불가능하다.

---

1) 어떻든 이것은 "발전"이다! 다윈주의자들은 이처럼 특별한 도구를 소유했던 것이 생존 경쟁에서 그 종을 유리하게 보존해 주었다고 말한다. 그러나 완벽하게 연마된 도구라야 장점이 되었을 것이다. 발전 단계에 있는 —그리고 이 발전이란 그야말로 수십 세기가 걸린다고 한다—도구란 단점을 불러일으킬 수도 있는, 쓸모 없는 짐덩어리인 것이다. 그렇다면 과연 어떻게 그러한 발달의 단초를 상상할 수 있겠는가? 결국은 인간이 고안해 낸 형식들일 뿐 세계 생성의 형식이 아닌 이러한 원인과 결과에 대한 마구잡이의 추측적 이해는 매우 어리석은 짓이다. 그렇게 해서 세계의 비밀을 알 수 있다고 믿는다면 말이다.

2) *Die Mutationstheorie*(1901, 1903).

최초의 인간들과 그들이 사용한 도구는 똑같이 오래 된 것이다.

그런데 시간상으로가 아닌 논리상으로 분리되었던 것은, 말하자면 무기의 제작과 그 사용에서의 기술적 처리 절차이다. 바이올린을 제작하는 기술과 그것을 연주하는 기술이 있듯이, 배를 제작하는 기술과 항해하는 기술, 활 만드는 기술과 활 쏘는 기술이 있다. 어떤 다른 육식 동물도 무기를 선택하지 않는다. 그러나 오직 인간만이 무기를 선택할 뿐 아니라 자기 개인적 고안에 따라 무기를 제작한다. 이렇게 하여 인간은 싸움에서 그를 대적할 만한 상대방 인간이나 다른 동물, 전체 자연에 대해 성공적 우위를 점했던 것이다.

이것이 곧 종족의 강제로부터의 해방이며 이 지구상에서 전체 생명체의 역사상 유일한 양식의 그 무엇이다. 이렇게 인간은 **출현했다**. 인간은 고도로 자기 신체의 조건들에서 독립하여 자신의 활동적 생명을 이룩하였다. 물론 종족 본능은 완전히 강압적으로 지속되었지만 개인의 사고와 사고하는 행동은 이 종족 본능에서 분리되어 종족의 속박을 벗어났다. 이 자유는 선택의 자유이다. 각자 자기 자신의 숙련 상태와 고안에 따라 자기의 무기를 제작한다. 비뚤어지고 사악한 많은 발명품들은 오늘날에도 여전히 이러한 초기의 "사고하는 행위"의 노고임을 입증해 준다.

그렇다고 하더라도 만일 이 발명품들에 따라—그 정당성은 매우 의심스럽다—신석기 문화나 구석기 문화 등과 같이 "문화들"을 구분하고, 또한 이에 따라 세계 5대주를 두루 관통하

여―분명히 적당치 못하다―시대를 비교할 정도로 이 발명
품들이 서로 유사하다면, 그것은 종족의 강제로부터의 이 해방
이 우선은 단지 커다란 가능성으로서만 작용하며 처음부터 실
현된 개인주의와는 매우 거리가 멀다는 사실에 있다. 장난 삼
아 독창적 발명을 하는 사람은 없다. 또한 다른 사람을 모방하
려고 생각하는 사람도 없다. 각자 자기 스스로 생각하고 작업
하지만 종족의 생명이란 매우 강력하여 도처에 나타나는 발명
의 성과는 매우 유사한 법이다. 이는 근본적으로 오늘날에도
여전하다.

커다란 육식 동물이 보유하는, 이해력을 가진 예리한 시선,
즉 "눈의 사고"에 대해 이제는 "손의 사고"가 등장하게 되었
다. 그 이래 "눈의 사고"로부터는 이론적이고 관찰적이며 관조
하는 사고 · "숙고" · "지혜"가, "손의 사고"로부터는 실천적 ·
활동적 사고, 교활함과 본래적 "지능"이 발전하였다. 눈은 원
인과 결과를 탐구하고 손은 수단과 목적의 원리에 따라 일한
다. 어떤 것이 합목적적이냐 비합목적적이냐―활동의 가치 판
단―하는 것은 관찰자의 참과 거짓의 가치, 즉 진리와는 상관
이 없다. 목적이란 어떤 사실이며 원인과 결과의 연관성이 비
로소 진리이다.[3] 이렇게 하여 매우 상이한 사고 방식을 가진,
진리를 말하는 사람―목사 · 지식인 · 철학자―과 사실을 말
하는 사람―정치가 · 전문가 · 상인―이 생겨났던 것이다. 그
이후 오늘날에도 여전히 명령하고 지시하며 주먹을 쥔 손은

---

3) *Untergang des Abendlandes*, 제1권, 2장, §16. 제2권, 3장, §6.

어떠한 의지의 표현이다. 그러므로 범인의 취조 해명은 필적과 손의 형태로부터 이루어진다. 또한 침략자의 험한 손이라느니 사업가의 행복한 손이라느니 하는 말들이 있는 것이며, 손이란 범죄자의 손, 예술가의 손 등에서 보듯이 영혼의 징표가 된다.

손, 즉 무기와 개성적 사고로써 인간은 **창조적으로** 되었다. 동물이 행하는 모든 것은 종족 행위의 테두리 안에 있으며 따라서 그의 삶을 풍요롭게 하는 것은 아니다. 그러나 창조적 동물인 인간은 풍부한 발명적 사고와 행위를 세계에 널리 확장해 왔으며, 이는 그로 하여금 그의 짧은 역사를 "세계사"라 부르며 그의 환경을 배경·객체·수단으로서의 전체 자연을 거느린 "인류"라 파악하는 것을 정당한 것으로 보이도록 한다.

그런데 사고하는 손의 행동을 **행위**라 한다. 동물의 생존과 더불어 활동이, 인간의 생존과 더불어 비로소 행위가 있게 된다. 불의 점화가 이 차이를 가장 잘 나타내 준다. 인간은 불이 어떻게 일어나는지 — 원인과 결과 — 를 본다. 물론 다른 동물도 본다. 그러나 인간만이 그것을 제작해 낼 절차—목적과 수단—를 사고한다. 다른 어떤 행위도 이 생각처럼 창조 행위를 잘 인상지우는 것은 없다. 이것이 곧 프로메테우스의 행위이다. 가장 무시무시하고 강압적이며 수수께끼로 가득 찬 자연현상 중 하나가—번개·산불·화산—자연에 대항하기 위해 바로 인간 자신에 의해서 삶의 한가운데로 끌어들여졌다. 스스로 점화시킨 불꽃을 바라보는 첫 시선은 영혼을 얼마나 뒤흔들었을 것인가!

6

동형적·충동적·군중적인 "종족 행동"과는 확연히 구별되는 자유롭고 의식적인 **개별** 행위라는 강력한 인상 아래에 본연의 인간 영혼이 형성되었다. 인간 영혼은 다른 육식 동물에 비해 매우 고독하고 자기 자신의 운명을 **아는** 자가 가지는 자신감에 차 있으면서 동시에 우울한 시선, 행위에 익숙해진 주먹에서 제어할 수 없는 권력욕을 가지고 있으므로, 승리가 아니면 죽음뿐이라는 결의에 차서 모든 것을 적대시하며 **죽도록** 미워한다. 이 영혼은 여타의 다른 동물의 영혼보다 심층적이며 고뇌에 차 있다. 이 영혼은 전체 세계와 화해할 수 없이 대립한다. 그는 자기 자신의 창의력 때문에 이 세계와는 단절되어 있다. 그것은 반항자의 영혼이다.

최초의 인간은 육식을 하는 새와 마찬가지로 높은 곳에 집을 짓고 기거하였다. 몇 "가족"이 한 무리를 지어 함께 행동한다 하더라도 그 형태는 매우 느슨한 것이었다. 아직은 민족에 관해서는 물론 인종에 관해서도 아무런 언급이 없다. 이 무리라는 것도 여자들과 어린애들을 거느리고서 제대로 한 번 싸워 본 일이 없는 몇몇 남자들로 구성된 우연한 집단이며, 따라서 단순히 종족으로 이루어진 가축의 무리처럼 "우리"라는 공동 의식도 없는 완벽하게 자유로운 상태이다.

이처럼 너무나 고독한 자의 영혼은 점차 자신의 힘과 약탈의 대상을 향하여 전투적·불신적·질투적으로 변한다. 이 영혼은 "나"의 열정뿐만 아니라 "내 것"의 열정을 안다. 그는 칼로 적의 신체를 도륙할 때나 피비린내 나는 신음이 승리감을 엄습할 때 도취감을 맛본다. 모든 진정한 "남성"은 가끔 후대 문화를 간직한 도시 안에서 여전히 자신 속에 감추어져 잠자고 있는 이 원시적 영혼의 열정을 느낀다. 무엇인가가 "유용"하다거나 "노동을 절약한다"는 가망 없는 불쌍한 확신은 사실 아무것도 아니며, 동정·화해·안정의 갈구라는 이 빠진 감정은 더더욱 아무것도 아닌 하찮은 것이다. 그러나 이에 대하여 자신의 강인함과 행운 때문에 계속 타자를 공포스럽게 하고 타자에게 경이감을 주며 미움을 받는 것을 매우 자랑스럽게 여기며, 모든 것에 대하여 그것이 살아 있는 생물이든 사물이든 복수심에 불탄다. 그것들은 단지 **생존**해 있다는 사실만으로도 이 자긍심을 손상시킨다.

그런데 이 영혼은 점차 **전체** 자연에 대치하여 소외되어 간다. 모든 육식 동물의 무기는 **자연적**인데, 인위적으로 제작되고 심사숙고하여 선택된 무기를 움켜쥔 인간의 주먹만이 그렇지 않다. 여기에 자연에 대립하는 반대 개념으로서의 "인위적 기술"(Kunst)이 시작된다. 인간의 모든 기술적 처리 절차는 인위적 기술이며 활 쏘는 기술, 말 타는 기술, 전쟁 기술, 건축 기술, 행정 기술, 제사 지내는 기술, 예언의 기술, 그림 그리는 기술, 시를 짓는 기술, 과학적 실험 기술 등 모두 항상 이렇게 일컬어져 왔다. 불의 점화로부터 우리가 이 높은 문화 수준에서 본래 예술가적이라 특징짓는 성과들에 이르기까지 인간의 모든 작품은 인위적이고 반자연적이다. 창조력의 특권은 자연에게서 빼앗은 것이다. "자유 의지"란 이미 다름 아닌 능동적 반항이다. 창조적 인간은 자연과의 유대를 벗어났고 새로운 창의력을 발휘할 때마다 자연으로부터 멀어졌으며 자연을 증오해 마지않았다. 이것이 곧 걷잡을 수 없이 인간과 전 세계 사이의 숙명적 양분을 가속화하는 역사, 어머니의 품을 벗어나 도리어 이에 대항하는 손길을 뻗는 반항아의 역사, 즉 그의 "세계사"이다.

이로써 인간의 비극은 시작된다. 자연은 그보다 강하기 때문이다. 인간은 어디까지나 자연에 종속된다. 그 모든 것에도 불구하고 자연은 인간 자신은 물론 모든 피조물을 포괄한다. 모든 위대한 문화는 알고 보면 그만큼 저급한 것이다. 전체 인종은 내적으로 파괴되고 부서져서 비생산성과 정신적 착란에 빠진 채 파멸의 희생물이 된다. 자연을 상대로 한 싸움은 희망이 없는데도 종말에 이르기까지 행해지고야 말 것이다.

제4장   제2단계 : 말하기와 기획

7

우리는 무기로 무장한 손의 시대가 얼마나 오랫동안 지속되었는지, 즉 인간은 언제부터 존재해 온 것인지 정확히 알 수 없다. 오늘날 이 연대는 훨씬 이전으로 추정되고 있지만, 사실이는 사소한 문제다. 백만 년이나 수천 세기 등은 아무런 의미가 없으며, 관측할 수 있는 수천 년이란 숫자는 언제나 유동적이기 마련이다.

이제 첫째 변화와 똑같이 급격하고 강제적으로 인간의 운명을 근본적으로 뒤바꾸어 놓는 신기원, 이미 설명된 의미에 있어서의 진짜 변화를 이룩하는 둘째 변동이 나타난다. 선사의 연구는 이것을 이미 오래 전에 감지하고 있었다. 사실, 박물관에 보관된 유물들은 갑자기 새로운 면모를 보여 준다. 아무런 사려도 없이 지나치게 현대적이라고들 부르는 "농경"과 "가축 사육"의 흔적을 담은 토기, 움막, 묘혈, 교통의 흔적 등이 등장한다. 기술적 사고와 절차의 새로운 세계가 예고된다. 박물학의 입장에서는 발굴품을 너무나 평면적이고 단순하게 배열하는 데 열중하여 신석기 시대와 구석기 시대를 분리시켜 놓았다. 그러나 이전 시대의 이러한 구분법은 오래 전에 불완전한 것으로 알려졌고 수십여 년 전부터 다른 구분법으로 대체하려고 시도하고 있는 터이다. 중석기 시대니 중신석기 시대니 혼구석기(Mixoneolithikum) 시대니 하는 표현들은 사람들이 여전히 단순한 객체의 서열에 집착하여 더 이상 나아가지 못함을 입증해 준다. 그러나 변화하는 것은 도구들이 아니라 인간이다. 다시 강조하건대 인간 역사의 의미란 오로지 영혼의 관점에서만 열릴 수 있다.

이 변화는 기원전 5000년에 이르기까지 매우 정확하게 확증될 수 있다.[1] 최소한 2000년 후부터 벌써 이집트와 메소포타미아의 고도의 문화가 시작된다. 여기서 역사의 템포는 비극적인 것을 암시하고 있음을 알게 된다. 이전에는 수천 년이란 별것이 아니었는데, 이제는 100년이 매우 중요한 터이다. 구르는 돌은 이제 밑바닥을 향하여 마지막 고비로 돌진하여 접근한다.

그런데 어떤 일이 일어났던가? 인간의 행위가 이루어 놓은 이 새로운 세계를 좀더 깊숙이 파고들어가 보면 곧 매우 착잡하고도 복잡한 연관성을 보게 된다. 이 모든 기술들은 서로 상대방을 전제한다. 길들인 동물(가축)의 행태는 사료 작물의 재배를, 사료 작물의 파종과 추수는 쟁기를 끌고 짐을 운반할 가

---

1) 스웨덴의 빗살무늬 토기에 대한 드 게르의 연구의 근거에 대해서는 *Reallex. d. Vorgeschichte*, 제2권(Diluvialchronologie) 참조.

축의 현존을, 이 가축들은 다시 사육장의 건축을, 또한 이 건축 양식은 건축 자재의 제조와 운반을, 운반을 수행하는 교통은 도로를, 짐바리 가축(Saumtier)과 배를 각각 요한다.

영혼적으로 이 모든 것을 뒤바꾸어 놓는 것은 무엇인가? 나는 이것을 여러 사람의 계획적 행위라 대답한다. 이 상태에 이르기 전까지 각자는 자기 자신의 삶을 영위하고 스스로 자신의 무기를 제작하며 홀로 매일 매일의 전투에서 자기의 전략만을 수행한다. 어느 누구도 타인을 필요로 하지 않는다. 이 상태가 갑자기 변한다. 이 새로운 수법의 절차는 기나긴 시간과 공간으로, 사정에 따라서는 몇 년 — 나무를 베어서 그 목재로 건조된 배가 항해하기까지의 과정을 생각해 보라 — 그리고 더 광범한 지역으로 확장된다. 이 절차는 정확히 정리된 일련의 개별 행위와 또 거기에 병행해서 수행되는 행위 집단들로 분절된다. 그러나 이 전체의 절차는 불가결한 수단으로서 단어를 사용한 언어를 전제한다.

문장과 단어를 사용하여 말하기(Sprechen)는 더 늦게도 일찍도 생겨날 수 없었고 이즈음 모든 결정적인 것들과 마찬가지로 매우 갑자기, 말하자면 인간의 새로운 절차 수법과의 긴밀한 연관에서 생겨났음에 틀림없다. 이 점은 입증될 수 있다.

"말하기"[2]란 무엇일까? 이는 의심할 나위 없이 의사를 전달하기 위한 절차의 수법, 말하자면 수많은 사람들이 상호간에 지속적으로 행사하는 활동이다. "언어"란 다만 이 절차의 수법

---

2) 아래에 *Untergang des Abendlandes*, 제1권, 2장, 1 : 민족 · 종교 · 언어가 언급된다. (이하 이 책은 *Unterg. d. Abendl.*로 약칭함.)

으로부터의 추상, 말하자면 단어 형식을 포함시킨 말하기의 내면적 — 문법적 — 형식일 뿐이다. 의사 전달이 실제로 이루어지기까지 이 형식은 확장되고 시간이 조금 걸렸을 것임에 틀림없다. 나는 이전에[3] 문장을 사용한 말하기보다는 단순한 의사 전달의 형식, 즉 눈짓·신호·몸짓·경고·협박 등이 선행함을 지적했다. 이 형식들은 문장을 사용한 말하기를 밑받침하기 위하여 계속 존속하는데, 오늘날에도 여전히 말하는 음조·강조·무언극·손짓·현대 저작에 있어서의 구두법 등으로 존속한다.

  그럼에도 불구하고 "유창하게" 말하기는 그 내용상 전혀 새로운 것이다. 하만(Hamann)과 헤르더(Herder) 이래 이 말하기의 발생에 대한 물음은 부단히 제기되어 왔다. 그런데 오늘에 이르기까지 제시된 대답이 모두 불만족스런 것이라면, 그 이유는 이 물음이 잘못 제기되었다는 데 있다. 단어를 사용한 말하기의 기원을 말하기 자체의 활동에서 추적하지 않았기 때문이다. 언어를 "인류의 근원시"(Urpoesie der Menschheit)로부터 연역해 내는 낭만주의자들은 늘 현실과 동떨어져서 이렇게 생각하였다. 아니, 그 이상으로 그들은 언어를 인간의 근원적 시작(詩作)이라 보았다. 시는 동시에 신화·서정시·기도문으로, 산문은 일상의 나날을 함께 보내기 위한 후대의 타락에 지나지 않는 것으로 보았다. 그러나 이 경우 언어의 내면적 형식인 문법, 문장의 논리적 구조 등은 전혀 다르게 보였을 것이다.

---

3) 앞의 글.

반투(Bantu)족이나 터키족이 사용하는 원시적 언어는 아주 명쾌하고 예리하며 오해의 여지 없는 구별들에 적중하는 경향을 특히 분명하게 보여 준다.[4]

그러나 이것은 모든 낭만주의자들의 적대자인 합리주의자들의 근본 오류를 낳는다. 이들은 항상 문장이란 판단 또는 사상을 표현한다고 주장한다. 그들은 책더미가 수북이 쌓인 책상에 죽치고 앉아서 자기 자신의 사유나 저술에 대하여 곰곰이 생각한다. 그래서 그들에게는 "사상"이야말로 말하기의 목적이기라도 한 듯이 보인다. 그들은 그렇게 홀로 죽치고 앉아 있는 데에 습관이 든 나머지 말하기 때문에 듣기를, 물음 때문에 대답을, 그리고 자신에게 정신이 팔려서 상대방을 망각한다. 그들은 "언어"를 이야기하면서 언설(Rede)·강연·논문을 생각하는 식이다. 언어의 발생에 대한 그들의 견해는 독백적이며 따라서 그릇된 것이다.

올바르게 제기된 물음은 어떤 식으로? 가 아니라 언제 단어를 사용한 말하기가 발생하였나? 하는 것이다. 이렇게 되면 모든 것이 즉시 분명해진다. 대부분의 오해되거나 간과된 문장으로 말하기의 목적은 유창하게 말하기 시작한 그 시점에서 비롯된다. 말하기의 목적은 문장 구성의 형식에서 분명히 드러난다. 말하기는 독백적으로가 아니라 대화적으로, 문장 배열의 순서는 단순한 언설로써가 아니라 여러 사람들 사이의 상호

---

4) 대부분의 언어들에 있어서 "문장"은 유일한 단어의 집합체이며 그 가운데서 규칙적 질서로 이루어지는 분류 전철과 후철에 의해서 언급될 모든 것이 표현된다고까지 말할 수 있다.

대화로써 일어난다. 그 목적은 사색에서 나온 이해가 아니라 질문과 대답에 의한 상호간의 이해 소통이다. 말하기의 근원적 형식이란 도대체 무엇일까? 그것은 판단이나 언표가 아니라 명령·복종의 표현, 확신, 물음, 긍정, 부정 등이다. 언제나 타인을 향한 문장은 이것을 해! 다 했어? 예! 시작! 등과 같이 근본적으로 확실하고 매우 짧다. 개념의 징표로서의 단어[5]는 문장의 목적에서 비로소 비롯되었으며, 따라서 수렵인의 어휘는 처음부터 목축업자들이나 어업에 종사하는 해안 주민들이 사용하는 어휘와는 전혀 다르다. 근원적으로 언어란 어려운 활동이었으며,[6] 사람들은 꼭 필요한 말만 했다. 오늘날에도 농부들은 여전히 도시민과 비교해 볼 때 과묵한 편이다. 도시민들은 언어 습관상 입을 다물 수 없으며 할 일이 없게 되자마자 꼭 할 말이 있든 없든 권태를 참지 못하여 지껄여대며 대화를 하는 것이다.

말하기의 근원적 목적은 의도·시간·장소·수단 등에 따른 어떤 행위의 실행에 있다. 이 행위를 분명히 파악하는 것이 매우 중요하며, 스스로에게 납득될 정도로 자기의 의지를 타인에게 부과하기가 매우 어려운 데서 문법의 기술, 문장과 문장 양식의 구성의 기술, 올바른 명령, 질문, 대답의 기술, 이론적이

---

5) 개념이란 실제적 보편성으로 분류된 사물·상태·활동 등을 배열한 것이다. 말의 주인은 "말"이라고 하지 않고 곰팡이 핀 암말 또는 말괄량이 검은 말이라고 하며, 사냥꾼은 "멧돼지"라고 하지 않고 수멧돼지, 암멧돼지, 새끼 멧돼지라고 말하는 법이다.
6) 그래서 분명히 성인이 되어야 비로소 유창하게 말하는 것을 배웠다. 이는 한참 지나서야 글씨 쓰기를 배웠던 것과 마찬가지이다.

아닌 **실용적** 의도와 목적을 바탕으로 한 단어 분류를 교육시키는 기술 등이 생겨난다. 이론적 사색이란 문장을 사용한 말하기의 발생에 아무런 역할도 하지 않는다. 모든 말하기는 실용적 본성을 지니고 있으며 "손의 사고"로부터 출발한다.

8

여러 사람의 행위를 기획(Unternehmen)이라 부른다. **말하기**와 기획은 앞에서 고찰한 손과 도구에 있어서와 정확히 동일한 방식으로 서로를 전제한다. 여러 사람의 말하기는 기획의 실행에 있어서 내면적·문법적 형식을 발전시켰다. 기획의 습관은 언어와 결합된 사유의 방법에 의하여 교육되었다. 말하기란 자기의 의견을 타인에게 **사유**하면서 **전달**함을 의미하기 때문이다. 말하기도 하나의 행위라면 이 행위는 감각적 수단을 동반한 **정신적** 행위이다. 그리하여 신체적 행동과의 직접적 결합은 더 이상 필요하지 않게 되었다. 왜냐하면 이는 기원전 5000년 이래 지금까지 획기적 전기를 이루는 새로운 것이기 때문이다. 즉 사유·정신·오성 또는 사람들이 일컫듯이 언어를 통해서 활동하는 손과의 결합에서 해방된 것 등은 영혼과 생명에 대하여 **독자적인 힘**으로 대립하게 된다. 순수하게 정신적인 우월성, 말하자면 여기서 갑자기, 결정적으로, 모든 것을 변화시키면서 나타난 "계산"이란 통일로서의 공동의 행위가 마치 한 거인이 무엇을 하는 것과 같이 작용함을 의미한다. 또는 《파우스트》에서 메피스토펠레스가 반어적으로 표현하고 있

는 바와 같다 :

만일 내가 여섯 필의 말을 헤아릴 수 있다면,
그 말들의 힘은 내 소유가 아닐까?
마치 내가 스물 네 개의 발을 가지고 있듯이,
나는 달리게 되고 또한 진짜 사나이가 된다.

육식 동물인 인간은 의식적으로 자신의 신체적 힘의 한계를 훨씬 넘어서까지 자기의 우월성을 상승시키고자 한다. 그는 보다 큰 힘에 대한 의지로 말미암아 바로 자기 생명의 중요한 특징을 희생시킨다. 보다 큰 영향력을 가진 계산이라는 의미의 사고가 으뜸가는 사고이다. 그는 이 영향력을 위해서라면 개인적인 자유를 조금 포기하는 것도 이해할 만하다고 생각한다. 그야말로 내면적으로는 이런 것과는 독립적일 테니까. 그러나 역사에서 역행이란 존재하지 않는다. 따라서 시간과 삶은 돌이킬 수 없다. 여러 사람의 활동과 그 결과에 일단 익숙해지면 인간은 점점 깊이 이 숙명적 속박에 빠져든다. 기획하는 사고는 점점 강하게 영혼적 삶을 에워싼다. 인간은 이렇게 그의 사상의 노예로 전락했다.

개인 도구의 사용에서 여러 사람의 기획으로의 진보는 조작 절차의 인위성이 엄청나게 성장했음을 나타낸다. 토기 만들기, 직조, 광주리 엮기 등 인공적 재료에 의한 작업은, 훨씬 이지적이고 이전의 모든 것보다 훨씬 창의적이기는 하지만 아직은 그렇게 중요한 의미는 없다. 그러나 우리가 더 이상 알 수도 없는 수많은 조작 절차 가운데서 배후에 흔적을 남긴 몇몇 강력한 사상적 힘이 뚜렷하게 나타난다. 무엇보다도 "건축의 사상"으로부터 자라나온 사상이 그것이다. 우리는 금속에 대한 지식이 알려지기 훨씬 이전 벨기에 · 영국 · 오스트리아 · 시칠리아 · 포르투갈 등지에서 발견되는 화석 광산을 알고 있었다. 이 광산은 분명 이 시대로까지 거슬러올라가며, 사슴뿔로 된 연장들을 사용하여 만든[7] 수직 갱도와 횡갱목, 통풍과 버팀목의 역할을 하는 기둥과 동굴을 갖추고 있다. "전기 신석기" 시대에는 포르투갈, 북서 스페인, 남부 프랑스를 우회해 있는 브류타뉴 반도 사이에, 그리고 브류타뉴 반도와 아일랜드 사이에 긴밀한 유대 관계가 있었다. 이 관계는 규칙에 따른 항해와 알려지지 않은 양식의, 성능이 우수한 선박의 건조를 전제한다. 스페인에는 100,000kg을 넘는 무게의 덮개를 갖춘 어마어마한 크기의 다듬어진 돌로 만든 거석이 있다. 이 돌들은 흔히 멀리서 운반해 온 것이며 우리에게 알려지지 않은 기술로써 그 장소에 세워졌음에 틀림없다. 이러한 기획을 위해서 얼마만큼의 숙고, 조언, 감독, 명령이 필요하며, 재료를 구하고 운반해 오기 위한 몇 개월 내지 몇 년의 준비, 과제의 시간적 · 공간적 안배와 계획을 구상하고 그것을 실행에 옮기고 성취하기 위하여 무엇이 필요한지 분명히 알려져 있는가? 배가 먼 바다로 항해한다는 기획은 부싯돌을 제작해 내는 것에 비해 얼마나 오랫동안의 예측적 사고가 요구되는 것일까! 이미 이 시대의 스페인 암

---

7) *Reall. d. Vorgeschichte*, 제1권(Bergbau).

벽화에서 보이는 "조립된 활"은 알맞게 현을 그리며 굽은 뿔과 특정한 목재가 변화하는 상태에서 제작되기 위해서는 5~7년이 넘게 걸리는 복잡하기 짝이 없는 절차를 요구한다. 우리가 아주 소박하게 말하는 "수레의 발명"은 그 고안, 조정, 실현을 위해서 무엇을 전제하는가! 그것은 "운행"의 목적, 과정, 양식, 대부분의 경우 아무도 생각하지 않는 **도로**의 선택과 건설, 수레를 끄는 짐승의 확보와 사육에서부터 짐의 크기와 종류, 그 안전, 조종과 간이 숙박 시설에 관한 숙고에 이르기까지 확장된다.

전혀 다른 창조의 세계가 "**생산 사상**", 말하자면 식물의 재배와 가축의 사육으로부터 생겨나며 이를 통해서 인간 자신은 창조자인 자연을 대신하고 모방하며 변화시키는가 하면 개선하기도 하고 폭력을 가하기도 한다. 당시 식물을 채집하는 대신 **재배**한 이래 그는 분명히 그것들을 의식적으로 그의 목적을 위해서 변경시켜 왔다. 어떻든 발견물이란 야생하기 때문에 확실성을 보장해 주지 못하는 종류에 해당한다. 어떤 형식이든 가축의 사육을 입증해 주는 가장 오래 된 동물의 뼈의 발견물은 이미 확실히 부분적으로는 <u>의도적으로</u> 그리고 사육에 의해서 도달된 "길들이기"라는 귀결을 보여 준다.[8] 육식 동물의 약탈 개념은 이렇게 확장된다 : 도살된 동물만이 아니라 들판에서 자유롭게 풀을 뜯는 가축떼도 이미 사냥감이며 소유물이다.[9] 가축떼를 실제 담으로 둘러쌌거나 그렇지 않았거나 마찬

---

8) Hizheimer, *Natuerliche Rassengeschichte der Haussäugetiere*(1926).
9) 이는 오늘날 우리의 숲이 간직하고 있는 상태의 야생적 존재와 마찬가지이다.

가지이다.[10) 이 가축떼는 어느 혈족이나 사냥꾼 무리가 됐든 누군가의 소유이고, 이들 소유주는 가축떼를 노획할 권리를 가진다. 사료 작물의 재배를 전제하는 가축을 사육할 목적으로 이 가축떼를 가두어 놓는 것은 여러 가지 소유의 양식 중의 하나에 지나지 않는다.

나는 무장한 손의 성립이 무기의 제작과 사용이라는 두 가지 절차의 논리적 분리를 그 결과로 가져왔음을 말한 바 있다. 이와 마찬가지로 언어가 성취한 기획에 의해서 사고의 활동과 손의 활동은 분리되었다. 각 기획에 있어서 생각해 냄과 실행함이 구별되며 이제부터는 실용적 사고의 업적이 으뜸이고 가장 중요한 업적이다. 지도하는 일이 있고 실행하는 작업이 있다. 이는 뒤에 오는 모든 시대에 전체적인 인간 삶의 기술적 근본 형식이 되었다.[11) 거대한 야수의 사냥이나 사찰 건축, 전쟁이나 농업의 기획, 회사나 국가의 설립, 대상(隊商)의 행렬이나 반란에서든 아니면 심지어 범죄에 있어서든 — 그 어느 것에서든 언제나 우선은 그 일을 기획하고 발명해 내는 두뇌가 있어야만 한다. 이 두뇌는 그 일을 실행하여 성취할 아이디어를 가지고 명령하며 과제를 분배한다. 말하자면 이러한 두뇌는 그렇지 못한 다른 사람을 능가하는 천부적 지도자로 태어난 것이다.

---

10) 19세기에도 인디언 종족은 규모가 큰 물소떼를 따라다녔다. 마치 오늘날에도 여전히 아르헨티나의 가우호스족이 개인 소유의 소떼를 따라다니듯이. 노르망디족도 부분적으로 이러한 토착성으로부터 성립되었다.
11) *Unterg. d. Abendl.*, 제2권, 5장, §2, 4.

그러나 언어로 주도되는 기획의 시대에 세기마다 점차 첨예하게 서로 멀어지는 두 종류의 기술만이 존재하는 것이 아니라, 이 기술 중의 어느 하나에 대한 재능으로 인하여 서로 구별되는 두 종류의 인간도 있는 법이다. 모든 일의 수행 절차에는 그것을 지도하는 기술과 그것을 수행하는 기술이 있기 마련이며, 이와 꼭 마찬가지로 원래부터 명령하는 자와 복종하는 자, 정치적·경제적 수행 절차의 주체와 객체가 있기 마련이다. 이것은 이 변화 이래로 다양한 형태로 된 인간 삶의 근본 형식으로, 이 형식은 오직 삶 자체를 가지고서만 조정될 수 있다.

　　이 근본 형식이 반자연적이고 인위적임을 인정한다 하더라도 어떻든 "문화"임에 틀림없다. 이 형식은 숙명적인지도 모른다. 또한 그것을 인위적으로 제거할 수 있다고 상상했기 때문에 실제로 때로는 숙명이었던 적이 있지만, 그럼에도 불구하고 흔들릴 수 없는 하나의 사실이다. 통치·결단·주도·명령 등은 인위적 예술이며 어려운 기술로서 다른 기술과 마찬가지로 천부적 재능을 전제한다. 왕이 왕관을 쓴 채로 잠자리에 든다고 믿는 것은 어린아이뿐이겠지만 대도시의 하층민들, 마르크스주의자들, 문학자들도 경제 지도자들에 대해서 이와 유사한 것을 믿는다. 기획이란 수공업이 비로소 가능하도록 만든 작업이다. 이와 꼭 마찬가지로 발명, 고안, 계산, 새로운 절차의 실행 등은 재능 있는 두뇌들의 창조적 활동이며, 필연적인 귀결로 비창조적인 사람들을 실행하게 한다. 천재와 재사(才士) 사이의 좀 낡은 차이가 이에 속한다. 천재란 ― 문자 그대로[12] ― 창조력이며, 세대의 흐름 속에서 수수께끼처럼 등장해서는 꺼

져 버리고 또다시 갑자기 한 시대를 멀리 비추기도 하는 개별적 생명 안에서 일어나는 성스러운 섬광이기도 하다. 재사란 현존하는 개별적 과제에 대한 재능이며 전통, 학습, 훈련, 길들이기 등을 통해서 강력한 결과로 발전될 수 있다. 재사는, 그것이 응용될 수 있기 위해서 천재를 전제로 하지만 그 반대의 경우는 타당하지 않다.

마지막으로 지배를 위해서 태어난 사람과 봉사를 위해서 태어난 사람, 삶을 주도하는 사람과 이끌려가는 사람 사이의 자연적 서열의 차이가 있다. 이 차이는 단적으로 현존하며 건전한 시대와 민족에 있어서는 모든 사람이 자연스럽게 사실로 인정하지만 쇠퇴의 세기에는 대부분의 사람들이 이를 부정하고 바로 보지 않으려 안간힘을 쓴다. 그러나 바로 "만민의 자연적 평등"을 이야기한다는 것은 여기에 이 사실을 계속해서 입증하는 그 무엇이 존재함을 증명한다.

9

그런데 언어로 주도되는 기획은— 지도자나 지도를 받는 자를 위하여 — 자유, 육식 동물의 옛적 자유에 대한 강제적 희생과 결합되어 있다. 지도자나 지도를 받는 자 모두는 정신적·영혼적으로 신체와 생명과 더불어 보다 커다란 통일을 이루는 요항이 된다. 우리는 이것을 조직이라 부른다. 이는 고정된 형

---

12) 이는 남성적 생산력을 뜻하는 정령(genius)으로부터 유래한다.

식 안에 있는 활동적 삶의 집약이며 그 어떤 종류의 기획을 위한 형식-안에-존재함이다. 여러 사람의 행위에 의해서 유기적 현존으로부터 유기화된 현존으로, 자연적 집단의 생활로부터 인위적 집단의 생활로, 무리에서 민족 · 종족 · 계급 · 국가로의 결정적 진보가 이루어진다.

육식 동물의 개별자들간의 싸움에서 전쟁이, 지도하는 자와 복종하는 자, 조직화된 진군, 습격, 격투를 동반한, 종족과 종족이 대항하는 계획된 음모가 생겨났다. 피정복민들을 처형하는 데서 그들에게 과해진 법률이 나왔다. 인간의 법은 언제나 약자들이 따라야만 하는 강자들의 법이며,[13] 이 종족간의 법을 지속적인 것으로 여기는 것이 "평화"이다. 이러한 평화란 종족의 내부에도 존재하는데, 이는 그 힘을 밖을 향한 과제에 적합하게 유지하기 위한 것이다 : 국가는 외부의 목적을 위한 한 민족의 내부적 질서이다. 국가는 형식으로서, 가능성으로서 존재하지만 한 민족의 역사는 현실성으로서 존재한다.[14] 그러나 역사란 예나 지금이나 전쟁의 역사이다. 정치란 보다 정신화된 무기를 갖춘 전투에 의한, 전쟁의 임의적 대체물에 지나지 않는다. 한 민족이라는 단체는 근원적으로 그 민족의 군대라는 말과 같은 뜻이다. 자유로운 육식 동물의 성격은 본질적 특징에 있어서 개별자에서 조직된 민족으로, 즉 하나의 영혼과 여러 개의 손을 갖춘 동물로 바뀌었다.[15] 전쟁술 · 통치술 · 외교

---

13) *Unterg. d. Abendl.*, 제2권, 1장, §15 ; 6장 §6.
14) 같은 글.
15) 그러므로 여러 개가 아닌 하나의 머리를 가지고 있다.

술 등은 같은 뿌리를 가지며 모든 시대에 걸쳐 깊은 내면적 유대를 갖는다.

　강한 종족이 육식 동물의 성격을 띠는 민족들, 약탈적이고 정복적이며 지배를 좋아하는 민족들, 인간을 상대로 전투하기를 즐기는 민족들이 있다. 이들은 자연에 대항하는 경제적 투쟁을 다른 민족에게 위임하는데, 이는 그들을 약탈하고 정복하기 위한 것이다. 항해와 더불어 해상 약탈이, 유랑 생활과 더불어 통상로(路)의 침입이, 농업과 더불어 호전적인 귀족에 의한 노예화가 생겨났다.

　이는 기획을 위한 조직화와 더불어 삶의 정치적 측면과 경제적 측면이, 권력 지향과 약탈 지향이 분리되기 때문이다. 민족의 내부에는, 활동에 따라 전사와 수공업자, 수령과 농민 등의 분철체만이 아니라 유일한 경제적 사명을 위한 전체 종족의 조직도 있다. 당시에 이미 사냥하는 종족, 가축을 사육하는 종족, 농업에 종사하는 종족, 광업에 종사하는 촌민, 그릇을 굽는 촌민, 고기 잡는 촌민, 뱃사람과 장사꾼들의 정치적 조직 등이 있었음에 틀림없다. 이를 넘어서서 경제적 노동을 하지 않는 정복 민족이 있다. 권력과 약탈을 위한 전투가 심하면 심할수록 법률과 폭력에 의한 개인들의 결속이 보다 긴밀하고 엄격한 법이다.

　이 초기의 종족들에 있어서 개인의 삶이란 매우 보잘 것 없거나 아무것도 아니다. 아이슬란드의 고대전설(Saga)에 의하면, 모든 항해에서는 배들 중 일부만이 돌아오고 모든 대규모 건축에서는 이 일에 종사하는 사람들 중 많은 사람들이 죽음을 당하며 건기에는 전체 종족이 기근에 시달린다. 말하자면 전체의 영혼을 대표하는 데 족할 만큼의 사람이 살아 남는 것만도 중요하다는 것이다. 그 숫자는 다시 급속히 증가할 테니까. 개인이나 다수가 아닌 "우리"라는 조직의 소멸을 죽음이라 느낀다.

이 증가하는 상호 의존성에 자연으로부터 창조의 우선권을 탈취해 갔던 존재에 대한 자연의 은밀하고도 깊은 응보가 있다. 이 조그만 창조자는 자연에 대항하며, 생명의 세계에 있어서의 이 혁명가는 자기 창조물의 노예가 되었다. 예술가적으로, 개성적으로, 스스로를 창조하는 삶의 형식의 총체라는 문화는 이 길들여지지 않은 영혼에게는 옥죄는 창살로 만든 감옥으로 발전한다. 약탈하기 위해서 다른 존재를 가축으로 만든 이 육식 동물은 자기 자신을 가두고 만 셈이다. 인간의 집은 이에 대한 좋은 상징이다.

그리고 개인적으로 의미 없이 스스로를 상실해 가는 인간이 수적으로 증가하는 것도 문제이다. 왜냐하면 인구가 몇 갑절로 증가하는 것은 인간의 기획 정신이 초래한, 끝을 내다볼 수 없는 결과를 낳기 때문이다. 한때 몇 백 명의 무리가 배회했던 곳에 이제는 1만여 개의 민족이 자리잡고 있다.[16] 인간이 없는 공간이란 도무지 없다. 민족은 민족에 맞대어 있고 경계라는 단순한 사실, 즉 자기 권력의 경계라는 사실은 증오·공격·정복을 향한 옛날의 본능을 부추긴다. 모든 종류의 경계, 또한 정신의 경계도 권력에의 의지에 대한 불구 대천의 원수이다.

인간의 기술이 노동을 절감시킨다 함은 참이 아니다. 모든

---

16) 오늘날에는 몇 백만 명이 몰려들고 있다.

발명은 새로운 발명의 가능성과 필연성을 포함하며, 모든 충족된 소원은 수천 가지의 다른 소원을 불러일으키며, 자연에 대한 모든 승리는 보다 거대한 승리를 자극한다는 사실이 동물의 종족(Gattung) 기술에 반대되는, 자기를 변화시키는 개인적 인간 기술의 본질에 속한다. 이 맹수의 영혼은 만족을 모르며, 그의 의욕은 결코 충족될 수 없다. 이는 이러한 종류의 생명에 담긴 저주이지만 또한 그 운명에 있어서 위대함이기도 하다. 휴식 · 행복 · 향유 등에는 그 어떤 최상의 표본이 알려져 있지 않다. 또한 그 어느 발명가도 그때마다 자기 행위의 실질적 영향을 올바로 예견하지 못했다. 지도자의 일이 성과가 있으면 있을수록 실행하는 손들의 필요는 그만큼 커져 간다. 그러므로 적의 종족의 포로들을 죽이는 대신 그 체력을 수탈하기 시작했다. 이것이 노예의 시초로서 가축의 노역과 정확히 똑같이 오래 되었음에 틀림없다.

이 민족과 종족들은 어느 정도 하부적으로 증가한다. "두뇌"가 아인 손의 숫자가 증가한다. 지도자의 본성을 갖춘 집단은 소규모에 머무른다. 집단은 본래 맹수의 무리, 재능 있는 무리이며, 증가하는 다른 무리를 어떤 식으로든 마음대로 조정한다.

그러나 이 소수의 지배조차도 옛날의 자유와는 동떨어진 것이다. 이는 "짐은 국가의 제일가는 공복이다"라고 한 프리드리히 대왕의 말에 나타나 있다. 그러므로 내면적으로 자유롭게 머무르고 싶어함은 예외적 인간들의 아주 필사적인 열망이다. 여기서, 바로 여기서 "군중" 심리학에 대항하는 모순으로서의 개인주의가 시작된다. 이것이 문화 속에 감금되어 있는 상태에 대한 맹수 영혼의 최후 반항이며 다수의 사실에 의해서 야기되고 나타나는 영혼적·정신적 **평균화**에서 벗어나고자 하는 최후의 시도이다. 그러므로 정복자, 모험가, 정착자들의 삶의 유형, 심지어 범죄자나 보헤미안 삶의 유형이란 것이 존재하는 것이다. 자신을 우위에 설정하고 여기서 도망쳐서 그들을 멸시함으로써 자신을 둘러싸서 흡수하는 숫자의 영향을 벗어나고자 한다. 암울하게 시작되는 개인성의 이념은 대중적 인간에 대한 저항이다. 이 양자간의 긴장은 비극적 종말에 이르기까지 계속된다.

증오는 맹수의 본래적 인종 감정으로서 그 적대자를 인정하고 있음을 전제한다. 이 점에 영혼 서열의 평등에 대한 인정이 있다. 사람들은 보다 낮은 존재를 **멸시한다**. 스스로 낮은 존재는 **질투를** 한다. 예전의 동화, 신들의 신화, 영웅의 전설 등은 이러한 동기들로 가득 차 있다. 독수리는 자기의 적수만을 미워한다. 그는 특정한 어느 누구도 질투하지 않고 많은 것과 모든 것을 멸시한다. 멸시란 높은 곳에서 내려다보고, 질투는 아래로부터 위를 향하여 규정한다. 이것은 국가와 계급을 위해서 조직된 인류의 세계사적 감정이며, 그 평화로운 표본들은 무력하게 그들을 **함께** 싸안고 있는 감옥방에서 흔들리고 있다. 이 사실과 그 귀결들로부터 자유로운 것은 **아무것도 없다**. 그러했고 그러할 것이며 어쩌면 아무것도 존재하지 않게 될 것이다. 이 사실을 존중하거나 멸시하더라도 의미는 마찬가지이다. 이 사실을 **변경시키는** 것은 불가능하다. 인간의 운명은 진행되고 있으며 종말에 이르고야 말 것이다.

제5장 결말 : 인류 문화의 번영과 종말

10

무장된 손의 "문화"는 오랫동안 계속되었으며 인간이라는 전체의 종족을 움켜쥐어 왔었다. "말하기와 기획의 문화들"—이들은 이미 분명히 구별되는 다수이다—그리고 개성과 대중, 지배에 중독된 "정신"과 그가 강요한 생활 사이에서 시작되는 영혼적 대립을 갖춘 이 문화들은 다만 인간 세상의 한 부분만을 포함하며 몇 천 년 후인 오늘날에는 모두 소멸되고 파괴되었다. 우리가 "자연 민족", "원주민"이라 부르는 것은 생존하는 재료, 이전에 영혼이 깃들었던 형식의 폐허, 찌꺼기가 조금 남은 것에 지나지 않으며 생성과 소멸의 열화는 사라져 버린 상태이다.

기원전 3000년 이래 지구상의 여기저기에 협의와 광의에 있어서 지구 표면의 매우 적은 공간만을 채우면서 십 세기를 지속하지 않은 고도의 문화들[1]이 성장한다. 이것이 최후 파국의 속도이다. 매 10년은 무엇인가를 뜻하며, 각 1년은 거의 "어떤 얼굴"을 가진다. 이것이 가장 본래적이고 가장 바람직한 의미에서의 세계사이다. 정열적인 삶의 진행을 간직한 이 집단은 그 상징 및 "세계"로서 이전 단계인 촌락에 대립하는 도시를 발명했다. 이는 완전히 인위적이고 어머니 같은 땅으로부터 분리되어 완전히 반자연적인 삶의 그릇으로서 돌로 이루어진 도시인가 하면, 삶의 흐름을 시골로부터 끌어내어 허비하게 하는 뿌리 없는 생각의 도시이다.[2]

이곳에서는 "거친 농민 계급"에 대항하여 계급적인 서열 —귀족·목사·시민—을 갖춘, 삶의 인위적 단계화—자연적 단계화는 강자와 약자, 현명한 자와 어리석은 자의 단계화이다—로서 그리고 완전히 정신화된 문화 발전의 장소로서의 "사회"[3]가 성립된다. 이곳에서는 "사치"와 "부"가 지배한다. 이것은 여기에 속하지 않은 사람들이 시기하고 오해하는 개념들이다. 그러나 사치란 가장 거만한 형식의 문화에 지나지 않는다. 페리클레스의 아테네, 알 라시드의 바그다드, 그리고 로코코를 생각해 보라. 이 도시의 문화는 모든 계층과 직업에 있어서 철저히 사치이며 시간이 흐를수록 풍부해지고 성숙해지는가 하면 외교의 기술, 삶을 이끌어가는 기술, 장식, 글씨 쓰기, 생각하기, 경제 생활의 기술 등이 중요하기는 하지만 어떻든 철저히

---

1) *Untergang des Abendlandes*, 제1권, 2장, §6. (이하 이 책은 *Unterg. d. Abendl.*로 약칭함.)
2) 같은 책, 제2권, 2장 : Die Seele der Stadt.
3) 같은 책, 제2권, 4장 §1, 4.

인위적으로 된다. 몇몇의 손아귀에 모여 있는 경제적 부가 없이는 조형 예술, 정신, 고귀한 풍습에 있어서의 "풍요로움"도 불가능할 것이며, 이는 세계관과 실천적 사고가 아닌 이론적 사고에 있어서의 사치에 대해서는 말할 필요도 없는 것이다. 경제적 빈곤화는 곧바로 정신적·예술적 빈곤화를 몰고 온다.

이 점에서 이 문화 집단 안에서 성숙하는 기술적 절차 역시 정신적 사치이며, 증가하는 인위성과 정신화의 뒤늦지만 달콤하면서도 다치기 쉬운 열매인 것이다. 이는 이집트의 피라미드 무덤 및 기원전 3000년에 남쪽에서 발생하여 점차 비중 있는 군중에 대한 승리를 뜻하는 바빌론의 종합적 사찰탑의 건축과 더불어 시작하여 중국·인도 및 아랍과 멕시코의 고대 문화를 경유하여 기원후 2000년의 북쪽의 파우스트적 문화로 이행해 가는데, 이는 어려운 문제에 대한 순수한 기술적 사고의 승리를 나타내 준다.

왜냐하면 이 문화들은 남에서 북으로의 순서 계열에 따라 서로 **독립적으로** 성장하기 때문이다. 파우스트적인 서유럽의 문화는 어쩌면 최후의 문화가 아닌지는 몰라도 **확실히** 가장 폭력적이고 열정적이며 포괄적 정신화와 깊은 영혼적 파괴성 사이의 내면적 대립에 의해 모든 문화 중에서 가장 비극적인 문화일 것이다. 그의 역사적 생존을 통해서 자연에 반항해 온 인간과 자연 사이의 투쟁이 **실제로** 종말에 이를 경우에는 바익셀(Weichsel) 강과 아무르(Amur) 강 사이의 어디메쯤에 수십 세기 이후에 지친 낙오병이 나타난다는 것은 있을 법한 일이다.

북방은 생활 조건의 어려움과 추위, 상존하는 생존의 곤경에 의해서 그 안에 있는 인종을 최고도로 첨예화된 정신과 전투, 모험, 진보에 있어서 엄청난 열정의 차디찬 정열을 갖춘 강한 인종으로 단련시킨다. 이것이 바로 내가 **삼차원의 파토스**라고 부른 그것이다.[4] 이들은 다시 한 번 진짜 맹수들이며, 그 영혼의 능력은 사고와 피를 넘어서서 조직화된 인위적 생명의 초능력을 깨뜨려서 그것을 **봉사자**로 변화시키고 자유로운 개성의 운명을 세계의 의미로 고양시키는 등의 불가능성에 도전한다. 모든 시간과 공간의 경계를 비웃고 무경계와 무한자를 본래의 목적으로 삼는 권력에의 의지는 전체 지구를 굴복시키고 급기야는 지구를 자신의 교통과 통신 제도의 형태들로 뒤덮어서 그것을 자기의 실천적 에너지와 기술적 절차의 엄청난 강제력을 동원하여 **변화시킨다**.

모든 고급 문화의 시초에는 평야의 농민 생활보다 우위에 있는 "사회"의 태동으로서 귀족과 성직자라는 두 신분이 형성된다.[5] 그들은 서로를 배척하는 이념을 실현한다. 귀족·전술가·모험가는 **사실**의 세계에, 성직자·지식인·철학자는 **진리**의 세계에 산다. 전자는 운명을 감내해 내고, 후자는 인과성으로 사고한다. 전자는 정신을 강한 삶의 봉사에, 후자는 삶을 정신의 봉사에 바치려 한다. 그 어느 곳에도 파우스트적 문화에서처럼 화해할 수 없는 형식들의 대립이 격화되는 곳은 달리 없다. 여기서는 맹수의 자랑스러운 피가 마지막으로 순수한

---

4) *Unterg. d. Abendl.*, 제1권, 3장, §2 이하. 5장, §3.
5) 같은 책, 제2권, 4장, §2.

사고의 전횡에 반항한다. 12~13세기에 황제와 교황 사이의 이념적 투쟁으로부터 귀족 전통 — 왕, 귀족, 무관 — 과 서민적 합리주의, 자유주의, 사회주의의 권력 사이의 투쟁 — 프랑스 혁명으로부터 독일 혁명에 이르기까지 — 에 이르기까지 부단히 결단이 추구되어 왔던 것이다.

11

이 차이는 파우스트적 문화가 상승함에 따라 피의 바이킹과 정신의 바이킹 사이에 대규모로 존속한다. 전자는 북극으로부터 796년에 스페인, 859년에 러시아 내륙, 861년에 아이슬란드와 모로코, 거기로부터 프로방스와 로마 근교, 865년에 키예프, 흑해와 비잔틴, 880년에 카스피해, 909년에 페르시아에 이르는 머나먼 지역에 대하여 쉴 틈 없이 압박한다. 그들은 900년에는 노르망디와 아이슬란드, 980년에는 그린란드에 이주했고, 1000년경에는 북아메리카를 발견한다. 그들은 1029년에는 노르망디로부터 이탈리아 남부와 시칠리아, 1034년에는 비잔틴으로부터 그리스와 소아시아에 이주하는가 하면 1066년에는 노르망디로부터 영국을 정복한다.[6]

같은 맥락에서 정신적 힘과 전리품에 대한 굶주림과 모험심을 가지고 13~14세기의 북부 승려들이 기술적-물리적 문제의 세계로 밀고 들어온다. 여기에는 중국 · 인도 · 고대 아랍의 학

6) K. Th. Strasser, *Wikinger und Normannen* (1928).

자들이 갖는, 실행에서 동떨어진 한가한 호기심이라고는 조금
도 없다. 여기에는 어떤 알 수 없는 것에 대한 간단한 "이론"
이나 어떤 모습을 담아 내려고 사변력을 발휘하는 일이 없다.
물론 모든 자연 과학적 이론은 자연의 힘에 대한 오성의 신화
이며 철저히 소유적 종교에 종속되어 있다.[7] 그런데 여기서,
오직 여기서는 이론이란 처음부터 작업 가설이다.[8] 작업 가설
이란 "옳을"(richtig) 필요는 없고 다만 실제로 사용할 수 있기
만 하면 된다. 그것은 우리를 둘러싸고 있는 이 세계의 비밀을
밝혀 내려 하지 않고 일정한 목적에 봉사할 수 있도록 만들려
고 한다. 그러므로 영국의 그로스테스트(1175~1253)와 로저
베이컨(1220~1292), 독일의 알베르투스 마그누스(1200~1280)
와 비텔로(1230~1275)가 밝혀 낸 수학적 방법이 요구되었던
것이다. 따라서 실험, 베이컨의 실험 과학, 고문틀(Folter)과 지
렛대, 나사로써 자연을 심문하게 되는 것이다.[9] 알베르투스
마그누스의 말대로 실험이야말로 참으로 확실성의 토대이다.
그것은 정신적 맹수의 전쟁 리스트이다. 그들은 그들이 "하
느님을 인식"하려 했다고 믿지만, 그러나 일어나는 모든 것
속에 있는 무기적 자연의 힘과 불가시적인 에너지를 고립시
켜서 파악하고 사용할 수 있도록 만들려 했을 뿐이다. 파우
스트적 자연 과학, 오직 이것만이 그리스의 정역학과 아랍의
연금술과는 대조적으로 동역학인 것이다.[10] 재료가 아닌 힘이

---

7) 이하는 *Unterg. d. Abendl.*, 제1권, 6장.
8) 같은 책, 제2권, 3장, §19.
9) 같은 책, 제2권, 5장, §6.

중요한 것이다. 질량 자체는 에너지의 한 함수이다. 그로스테스트는 빛의 함수로서의 공간의 이론을, 페트루스 페레그리누스는 전자기 이론을 전개한다. 1322년의 한 수고(手稿)에는 지구가 태양의 주위를 공전한다는 코페르니쿠스의 이론이 암시되어 있다. 이에 50년 후 니콜라우스 폰 오레스메는 《천체와 우주에 관하여》에서 이 이론을 코페르니쿠스 자신보다 더욱 분명하고 심오하게 정초하며,《성질의 차이에 관하여》에서 갈릴레이의 낙하 법칙과 데카르트의 해석 기하학을 선취한다. 사람들은 더 이상 하느님에게서 그 권좌로 이 세계를 통치하는 주인이 아니라, 이 세계 도처에 현재하는 무한하고 거의 인격적으로 생각되지 않는 어떤 힘을 볼 뿐이다. 그것은 희귀한 예배, 경건한 승려에 의한 비밀스러운 힘에 대한 실험적 연구였다. 어떤 옛 독일 신비주의자는 말했다 : 네가 하느님에게 봉사할 때 하느님은 네게 봉사할 것이다.

그들은 식물·동물·노예의 봉사로 만족하는 일, 이들의 보배로운 본성 — 귀금속, 돌, 나무, 섬유 원료, 운하와 샘물 등 — 을 약탈하는 일, 항해·거리·다리·터널·댐 등에 의해서 이들의 저항을 꺾는 일 등에 진력이 났다. 자연은 이제 더 이상 그 재료가 약탈당하는 것이 아니라 인간의 강력함을 배가시키기 위해 자연의 힘 자체에 멍에가 씌워져서 노예로 봉사할 것을 강요당한다. 모든 다른 사람들에게는 낯설기만 한 이 엄청난 사상은 파우스트적 문화 자체만큼이나 오래 된 것이다. 우

---

10) 같은 책, 제1권, 6장, §12.

리는 10세기에 이미 전혀 새로운 양식의 기술적 구조를 만난
다. 로저 베이컨과 알베르투스 마그누스는 벌써 증기 기관·증
기선·비행기 등을 고안했다. 그리고 많은 사람들이 수도원에
서 영구 기관의 착상을 천착했다.[11]

  이 사상은 우리를 다시금 해방시키지는 않는다. 그것은 하
느님 또는 자연 — 신 즉 자연 — 에 대한 최종적 승리가 될지
도 모르는 것이었다. 그것은 말하자면 자신의 힘으로 움직이는
거대한 세계처럼 스스로 움직이며 인간이 손가락 하나만 까딱
해도 복종하는, 스스로 창조한 조그만 세계였던 것이다. 스스
로 하나의 세계를 창조하는 것 — 스스로 하느님이 되는 것 —
그것은 파우스트적 발명가의 꿈이었던 것으로서, 거기로부터
영구 기관이라는 도달할 수 없는 목표에 대해서 가능한 것으
로 접근하는 기계의 모든 기획이 산출되었다. 맹수의 약탈 개
념은 종말에 이르기까지 사유된다. 프로메테우스가 훔쳤던 불
처럼 이것이나 저것이 아닌 세계 자체가 약탈이라는 힘의 비
밀에 의해서 이 문화의 구조 속으로 이끌려 들어간다. 자연에
대한 전능을 향한 이 의지로부터 잠식당하지 않았던 사람은
이것을 악마적인 것으로 받아들여야만 했으며, 언제나 기계를
악마의 발명으로 받아들이고 두려워했다. 로저 베이컨과 더불
어 마술사와 이교도로 멸망했던 사람들의 행렬이 시작된다.

  그러나 서부 유럽의 기술의 역사는 계속 전진한다. 1500년
경에는 바스코 다 가마(Vasco da Gama)와 콜럼버스와 더불어

---

11) *Unterg. d. Abendl.*, 제2권, 5장 : Die Maschine. — Epistola de Magnete
    des Petrus Peregrinus von 1269.

일련의 새로운 바이킹 행렬이 시작된다. 서인도와 동인도의 신대륙은 정복되며 북쪽의 피를 이어받은 무리들[12]이 아메리카로 몰려든다. 이곳은 일찍이 아이슬란드의 항해자들이 이주하다 실패했던 곳이다. 동시에 정신적인 바이킹의 이동은 물밀듯이 이어진다. 화약과 인쇄술이 발명된다. 코페르니쿠스와 갈릴레이 이후 헤아릴 수 없이 많은 기술적 절차 방법들이 잇따른다. 이것들은 전체적으로 환경 세계로부터 비유기적 힘을 분리시켜서 동물과 인간 대신에 작업을 수행하도록 한다는 취지를 가지고 있었다.

기술은 변모하는 도시들과 더불어 **시민적으로** 되었다. 저 고트족의 수도사 후손은 속세에 박식한 발명가, 기계에 **정통한** 신부였다. 결국 합리주의와 더불어 "기술에 대한 신앙"은 거의 유물론적 종교가 된다. 기술은 성부(聖父)와 같이 불멸하며 영원하다. 그것은 성자(聖子, 예수)처럼 인류를 구원한다. 그것은 성령처럼 우리를 밝혀 준다. 그것을 숭배하는 자는 라메트리(Lamettrie)로부터 레닌에 이르기까지의 근세적 진보의 속물들이다.

실제로 발명가의 열정은 그 귀결과는 전혀 **무관하다.** 그것은 발명가의 개인적 삶의 충동이고 그의 개인적 행복이며 열정이다. 그는 **스스로** 어려운 문제들에 대한 승리, 그 성과가 안겨 주는 부와 명예를 향유하고자 한다. 설령 어떤 사람이 처음부

---

12) 왜냐하면 스페인·포르투갈·프랑스 등을 경유하여 이동한 민족도 역시 분명히 대부분 민족 이동의 정복자의 후예이기 때문이다. 잔류했던 사람들은 이미 켈트족·로마족·사라센족 등을 배출한 집단이었다.

터 그것을 알 수 있다고 하더라도 그의 발명이 유용한지 아니면 위험 천만한지, 창조적인지 아니면 파괴적인지는 그를 불안하게 하지 않는다. 그러나 "인류"가 결코 무엇을 발명하는 일이 없었다는 사실은 차치하고, "인류의 기술적 업적"의 영향을 예견하는 사람은 아무도 없다. 인도남(藍)의 합금과 같은 화학적 발명과 인공 고무의 발명은 머지않은 장래에 분명 전체 국가의 생존 조건을 파괴할 것이다. 전기력의 송전과 수력의 개발은 유럽의 옛 석탄 지역과 그 주민들의 값어치를 모두 깎아내렸다. 이러한 고찰이 모든 발명가들로 하여금 그들의 작품을 부정하도록 한 일이 있었을까? 그렇다면 사람들은 인간의 맹수적 본능을 잘 알지 못하는 것이다. 모든 위대한 발명과 기획은 강한 인간이 승리를 맛보는 기쁨에서 비롯된다. 이는 개성의 표현이지 대중의 유용성에 대한 사유의 표현은 아니다. 대중은 단지 구경만 할 뿐이며 있는 그대로의 결과를 받아들일 수밖에 없다.

그런데 이 결과는 엄청난 것이다. 타고난 지도자, 기업가, 발명가의 작은 집단은 수백 수천만 마력으로 측정되며 더 이상 인간의 체력으로는 비교도 되지 않는 양의 작업을 이루어 내도록 자연에게 강요한다. 사람들은 자연의 비밀은 너무나도 모르면서 "참"되지도 않은 합목적이기만 한 노동 가설은 알고 있다. 이 도움으로 자연으로 하여금 버튼이나 지렛대만 가볍게 눌러도 인간의 명령에 복종하도록 강요한다. 발명의 속도는 환상적으로 성장함에도 불구하고 인간의 노동이 절약되도록 하는 것은 아무것도 없다는 사실이 부단히 언급되어야 한다. 필요한 손의 숫자는 기계의 숫자와 더불어 증가한다. 기술적인 사치는 각기 다른 종류의 사치를 증가시키며,[13] 인위적인 생활은 점점 더 인위적으로 되기 때문이다.

자연에 대항하는 무기 중 가장 꾀가 많은 기계의 발명이 가능해진 이래 기업가와 발명가는 그들이 필요로 하는 손의 숫자를 본질적으로 그 생산에 적용하였다. 기계의 작업은 수증기와 기체의 압력, 석탄, 석유, 물에서 추출되는 전기나 열과 같은 비유기적 힘에 의해서 이루어진다. 그러나 이렇게 함으로써 지도자와 피지도자 사이의 심리적 긴장이 위협적으로 증가되었다. 그들은 더 이상 서로를 이해하지 못하게 된다. 기원전 수천 년 전의 최초 "기획"은 무엇이 문제인지를 알고 느꼈던 모든 사람이 이해하는 공동 작업을 요구했다. 이것은 오늘날 사냥이나 스포츠에 있어서처럼 일종의 동료 집단이었다. 초기 이집트와 바빌론의 거대한 건축물에 있어서 이 사실은 이미 더 이상 통용되지 못했다. 노동자 개개인들은 전체 공정의 목적이나 목표를 파악하지 못했다. 그들에게는 그런 것들은 아무래도 좋았다. 아니 그것을 증오했을지도 모른다. "노동"이란, 성경의 첫 부분에 나오는 낙원의 이야기처럼 저주였다. 18세기 이래 지금 현재는 수많은 "손"들이 작업하고 있는데, 그들은 자신의 삶에 있어서 손의 실제적 역할이 무엇인지를 전혀 알지 못하며, 그 성취에 전혀 내면적으로 관심을 갖지 않는다. 영혼의 황폐화가 널리 퍼지고, 즉 높이도 깊이도 없는 암울한

---

13) 1700년대와 1900년대의 노동자의 생활과 도시 노동자의 생활 태도와 농부의 생활 태도를 비교해 보라.

단조로움과 창의적으로 타고난 재능 있는 사람들의 삶에 대항하는 분노가 일어난다. 사람들은 지배자의 노동이 더 힘들며 자신의 삶은 그의 성공 여부에 달려 있다는 사실을 이해하려고도 하지 않는다. 그들은 다만 이 노동이 그들을 행복하게 해 주며 영혼에 활기를 더해 주고 풍요롭게 한다는 사실을 알지 못하고 다만 막연하게 느낄 뿐이며, 그러므로 이 노동을 증오한다.

12

그러나 사실은 두뇌도 손도 기계 기술의 운명을 바꿀 수는 없다. 기계 기술은 내면적·영혼적 필연성으로부터 발전했으며 이제는 그 완성, 종말에 이르러 가고 있다. 우리는 오늘날 제5작용이 시작되는 정점에 서 있다. 최후의 결단이 내려진다. 비극은 종료된다.

모든 고등 문화는 비극이다. 인간의 역사는 전체적으로 비극적이다. 그러나 파우스트적 인간의 오만과 추락은 에쉴루스와 셰익스피어가 보았던 모든 것보다 크다. 창조는 창조자에게 반항하여 일어난다. 한때 인간 소우주가 자연에 대항했듯이 이제는 기계 소우주가 북방 인간에게 반항하고 있다. 세계의 주인은 기계의 노예가 된다. 기계는 그를, 우리를, 예외 없이 모두를, 우리가 이 사실을 알고 있는지 여부와 상관없이, 자신의 궤도의 방향으로 향하도록 강요한다. 추락한 승리자는 미쳐 날뛰는 마소에 의해서 죽음으로 이끌려간다.

20세기 초에 이 작은 혹성 위의 "세계"는 이렇게 보였다. 즉 북방의 피를 나누어 가진 국가 집단들이 영국인, 독일인, 프랑스인, 양키 등의 지도하에 상황을 지배한다고. 그들의 정치력은 그들의 재산에 의거하며 그들의 재산은 그들 산업의 강력함에 있다. 그러나 그들의 산업은 석탄의 존재에 묶여 있다. 개발된 탄광의 위치는 무엇보다도 게르만 민족에게 거의 독점을 보장하고 이는 전 역사상 유례 없는 인구 증가를 초래한다. 탄광과 이를 중심으로 확장된 교통로의 교차점에는 엄청난 사람들이 모여든다. 그들은 기계 기술에 의해서 훈련받았고 그것을 위해서 일하며 그것에 의해서 생존한다. 그 이외의 민족은, 식민지의 형태이든 아니면 겉보기로 독립적인 국가이든, 원료 생산과 구매자의 역할을 한다. 이러한 분할은 육해군의 군사력에 의해서 보장되고, 이 군사력의 부양은 산업 국가들의 부를 전제로 하며, 이들은 기술 교육의 결과 스스로 기계로 전락하여 손가락을 눌러 "작업한다". 다시금 정치, 전쟁, 경제 사이에는 깊은 친화성, 아니 거의 동일성이 드러난다. 군사력의 정도(Grad)는 산업의 서열에 의존한다. 일반적으로 산업이 뒤진 국가들은 가난하다. 그들로 말하자면 전쟁과 군대 비용을 지불할 수 없기 때문에 정치적으로 무력하여 지도자든 피지도자든 이들 국가에 있어서의 노동자들은 적들의 경제 정책 대상이 된다.

대중의 실행하는 손은 소홀한 "소수의 관점"에서라도 보이는 데 반하여, 덜 창의적인 두뇌, 즉 기업가·조직가·발명가·엔지니어 등의 지도자 노동의 상승하는 가치는 더 이상 이해받지 못하고 그 진가도 인정받지 못한다.[14] 실용적인 미국에서 가장 그렇고, "시인과 사상가"의 나라 독일에서 가장 그렇지 않다. "너의 강한 팔뚝이 원한다면 모든 톱니바퀴는 멈춘다"는 우둔한 명제는 수다쟁이와 필경사(Schreibern)의 두뇌를 몽롱하게 한다. 분주한 재단사도 그것을 할 수 있다. 그러나 이 톱니바퀴를 발명하고 가동시켜 저 "강한 팔뚝"을 먹여 살릴 수 있는 것은 타고난 소수의 사람만이 할 수 있다.

이해받지 못하고 미움받는, 강한 개성을 가진 무리들은 다른 심리학을 가지고 있다. 그들은 경련하는 사냥물을 발톱으로 움켜쥔 맹수의 승리감, 수평선에 육지가 나타났을 때 콜럼버스의 감정, 오후에 프레노의 고지에서 포병대가 일리(Illy)의 전투에서 승리하였음을 보고받은 몰트케가 세단에서 가진 감정을 안다. 인간이 체험할 수 있는 정상의 순간은 거대한 함선이 그 건조자의 눈앞에서 진수대를 출발한 순간, 새로 발명한 기계가 무리 없이 작동하기 시작할 때, 체펠린의 최초의 비행선이 이륙한 순간인 것이다.

그러나 이 시대의 비극은 풀려난 인간의 사유가 자기 스스로 몰고 온 자신의 귀결을 더 이상 파악할 수 없다는 데 있다. 기술은 고등 수학처럼 비교적(秘敎的)으로 되었다. 기술은 분석적 사유에 있어서 현상의 추상으로부터 인간 인식의 순수한 근원 형식에 이르기까지, 그것을 올바르게 감지하지도 못하면서 파고든 물리학의 이론처럼 이 고등 수학을 응용한다.[15] 세

---

14) *Unterg. d. Abendl.*, 제2권, 5장, §7.

72 인간과 기술

계의 기계화는 가장 위험한 긴장의 단계에 접어들었다. 지구의 모습은 식물·동물·인간과 더불어 변화되었다. 몇 십 년이 지나면 대부분의 큰 숲들이 자취를 감추어 신문의 용지로 변화되며 이로 인해서 기후의 변화가 초래될 것이다. 이는 전 인구의 농업을 위협하게 된다. 물소와 같은 무수한 종류의 동물들이 완전히 절멸할 것이고 북아메리카 인디언이나 오스트레일리아 원주민과 같은 원시 인종들이 거의 사라져 버릴 것이다.

모든 유기체들이 자기를 둘러싸는 조직체에 굴복하게 된다. 인위적 세계가 자연적 세계를 점거하고 오염시킨다. 문명은 그 자체가 기계로 되었으며 모든 것을 기계처럼 취급하고자 한다. 이제는 말을 보면 그 힘(馬力)만을 생각할 뿐이다. 그것을 전력으로 바꿀 생각이 없으면 폭포를 보지 않는다. 먼저 육질의 상태를 평가하지 않고는 결코 풀 뜯는 소로 가득 찬 벌판을 보지 않는다. 현대의 기술적 절차로 대체할 가망이 없다면 결코 조야하지만 아름다운 옛 사람들의 수공업을 보지 않는다. 기술적 사고는 의미가 있든 없든 무엇인가를 실현하려고 한다. 기계의 사치는 사고를 강요한 결과이다. 기계란 결국 비밀스러운 이상인 영구 기관과 마찬가지로 하나의 상징이며 영혼적-정신적이기는 하지만 생동하는 필연성은 아니다.

기계는 경제적 실용성과 여러모로 모순되기 시작한다. 모든 방면에서 벌써 붕괴가 나타난다. 기계는 결국 그 숫자와 단순화에 의해서 그 목적을 폐기시킨다. 대도시에는 자동차가 너무

---

15) *Unterg. d. Abendl.*, 제1권, 6장, §14~15.

많기 때문에 차라리 걷는 편이 더 낫게 되었다. 아르헨티나와 자바 그리고 다른 곳에서는 간단한 마차를 소유한 사람이 커다란 기계를 소유한 사람보다 경제적으로 우위임이 입증되고 있으며 다시금 기계를 몰아내고 있다. 이미 많은 열대 지방에서 흑인 농부가 원시적인 농법으로 백인의 현대 기술적인 식민 농업의 위험한 경쟁자가 되고 있다. 유럽과 북아메리카에서 백인 산업 근로자의 노동력이 의문시되기 시작한다.

19세기에 유행했던 것처럼 몇 세기 이후의 석탄 고갈과 그 결과에 대해서 말하는 것은 어리석은 일이다. 그것은 물질주의적으로만 생각되었던 것이다. 오늘날 벌써 무기물에서 추출된 에너지인 석유와 수력이 대규모로 이용되고 있다는 사실을 차치하고라도 기술적 사고는 곧이어 전혀 다른 에너지원을 발견하여 개발할지도 모른다. 그러나 그 시기가 언제인지는 전혀 문제가 되지 않는다. 서유럽적-미국적 기술은 그보다 먼저 종말을 고하게 될 것이다. 원료 고갈과 같은 평범한 사태는 이러한 강압적 발전을 저지시킬 수 없을 것이다. 이 발전 가운데에 있는 사고가 정점에 있는 이상 언제나 자기의 목적을 위한 수단을 창출할 수 있을 것이다.

그러나 이 사유는 얼마나 오랫동안 정점에 머무르게 될 것인가? 단지 현재의 기술적 절차와 윤곽의 상태를 동일한 수준으로 유지시키는 데만도 무려 10만 명의 조직가·발명가·기술자와 같은 고급 두뇌를 필요로 하게 된다. 그들은 일에 고무되고 불굴의 근면과 몇 년에 걸쳐 막대한 비용을 들여 단련된, 강인하면서도 창의적인 재능을 가지고 있어야만 한다. 사실상

50년 이래 백인 젊은이들 중에 재능 있는 사람들은 대부분 바로 이 직업에 대한 강한 애착심을 감지했다. 아이들은 벌써 기술적인 물건들을 가지고 놀았다. 도시층 그리고 아이들을 우선으로 생각하는 가족들에 있어서 복지와 정신적 직업의 전통, 세련된 문화가 현존했었다. 이는 이 성숙한 후기의 산물, 즉 기술적 사유를 도야하기 위한 평범한 전제이다.

이러한 경향은 수십 년 이래 거대하고 낡은 산업을 보유한 모든 국가들에서 점차 분명하게 변화한다. 파우스트적 사고는 기술에 싫증을 내기 시작한다. 피로감이 확산되는데, 이는 자연에 대한 투쟁에 있어서 일종의 평화주의이다. 사람들은 보다 단순하고 자연에 가까운 삶의 형식으로 전환하고 기술적 시도 대신 스포츠를 즐기는가 하면 대도시를 싫어하며 무영혼적 활동의 강요로부터, 기계의 노예로부터, 기술적 조직체의 명료하고 냉엄한 분위기로부터 탈출하고 싶어한다. 바로 강인하고 창의적인 재능이 실용적 문제와 실용적 학문으로부터 순수한 사변으로 전향한다. 영혼론과 정신주의, 인도 철학, 다원주의의 시대에 멸시당했던 기독교적 또는 이교도적 색채를 띤 형이상학적 천착이 다시금 되살아난다. 이는 아우구스투스 황제 당시 로마의 분위기이다. 삶의 염증으로 인하여 사람들은 문명으로부터 보다 원시적인 지구의 구석구석으로, 유랑 생활로, 자살로 도피하였다. 타고난 지도자는 기계에서 도주하기 시작한다. 곧이어 2류의 재능과 위대한 시대의 낙오자가 판을 치게 된다. 모든 위대한 기업가들은 후대의 정신적 질의 저하를 확인한다. 그러나 19세기의 대규모의 기술적 발전은 오직 계속 상승하는 정신적 수준을 바탕으로 해서만 가능했다. 저하(Abnahme)만이 아니라 정지(Stillstand)가 벌써 위태로운 것이며, 종말을 지시하는가 하면 작업을 위해 숙련된 많은 손이 준비되어 있을 필요가 있다.

그런데 이로써 사정은 어떻게 되었는가? 지도자의 일과 실행하는 작업 사이의 긴장은 파국의 지경에 도달했다. 지도자의 일의 의미와 그 가운데 있는 모든 진짜 개성의 경제적 가치는, 아래에 있는 대부분의 사람들에게는 더 이상 보이지도 이해될 수도 없을 정도로 매우 커지게 되었다. 손의 작업에서 개인은 전혀 무의미하다. 오직 숫자만이 가치가 있다. 이기주의적 발설자들과 문필가들에 의해서 자극되고 중독되어 재정적으로 약탈당한 이 불가변적 상황에 대한 지식은 너무나 암담하여 기계의 소유자가 아닌 기계가 대부분의 사람들에게 부과하는 역할에 대한 반항이 인간적으로 극에 달할 정도이다. 암살 계획에서부터 파업을 거쳐 자살에 이르기까지 무수한 형식으로 스스로의 운명에 대한, 기계에 대한, 조직화된 삶에 대한, 결국 모든 사람과 모든 것에 대한 손의 폭동이 시작된다. 수천 년 이래 여러 사람의 행위의 개념에 있어서 지도자와 피지도자, 두뇌와 손의 차이를 토대로 갖는 노동의 조직화는 아래에서부터 와해된다.[16] 그러나 "대중"은 조직의 개념을 거부할 뿐 스스로 생활 능력이 없다. 장교가 없는 군대는 쓸모 없고 상실된 인간의 무리일 뿐이다.[17] 헝클어진 기왓조각이나 쇠동강이 더

---

16) 원저의 44면 이하.

미는 더 이상 건물이 아니다. 지구 도처의 이 폭동은 기술-경제적 작업의 **가능성**을 폐기시키려 위협한다. 지도자는 도주할 수 있지만 남아돌게 된 피지도자는 멸망하였다. 그들이 수적으로 많다는 것은 **죽음**을 뜻한다.

그러나 시작되는 와해의 세 번째, 가장 심한 징후는 내가 기술에 대한 배반이라 부르고자 하는 것 가운데 있다. 여기서 문제는, 이 요인은 누구나 알고 있으면서도 그 운명적 의미를 드러내 주는 연관성에서는 보이지 않는 것이 있다는 것이다. 지난 4반세기에 있어서 경제·정치·군사·재정적인, 모든 종류의 힘에서의 서부 유럽과 북미의 엄청난 우위는 말할 필요도 없이 산업의 **독점**에 의거한다. 대규모의 산업은 오직 이 북반구에 있어서 석탄 자원과의 연관에 있어서만 존재했다. 세계의 나머지는 시장이었으며 식민 정책은 항상 새로운 시장, 원료 지역, 생산 지역을 개척하는 방향으로 추진되었다. 석탄은 다른 지역에도 있었지만 "백인" 엔지니어만이 그것을 개발할 수 있었을지도 모른다. 우리는 원료가 아니라 그것을 응용할 **방법**과 **두뇌**를 독점하고 있었다. 백인 노동자의 사치스러운 생활 태도가 여기에 의거한다. 유색인[18]과 비교할 때 그들은 제왕과 같은 수입, 마르크스주의가 그 부패상으로 공격한 상황을 **소유**하고 있다. 그 폐해는 오늘날 드러난다. 이로부터 실업 문제가 확대되는 것이다. 오늘날

---

17) 소련의 지배력은 15년 이래 새로운 이름으로 스스로 파괴한 정치적·군사적·경제적 조직체들을 재건하려는 것 이외에 다른 아무것도 시도하지 않는다.

18) 나는 "유색인"을 러시아의 주민과 부분적으로 남유럽 및 남동유럽의 주민으로 이해한다.

삶을 위협할 정도로 낮은 백인 노동자의 임금은 결국 산업 지도자들이 백인 노동자를 중심으로 구축했던 독점에 기인한다.[19]

이렇게 해서 세기말 힘에의 맹목적 의지가 결정적 오류를 범하기 시작한다. "백인" 민족이 소유했던 가장 소중한 보물인 기술적 지식을 몰래 보유하는 대신에 이 지식은 모든 대학에서 저술화되어 세상에 공개되었으며 인도인과 일본인이 놀라워하는 데 대해서 자랑스러워했다. 보다 커다란 소득을 노리기 위해서는 생산을 구매자에 맞도록 맞추어야 한다는 생각으로 인해 이른바 "산업 확장"이 일어나게 된다. 결국은 상품 대신에 비밀, 처리 절차, 방법, 기술자, 조직가를 수출하게 되었다. 발명가조차도 국외로 이주한다. 이들에게 멍에를 씌워두고 싶어했던 사회주의는 이들을 추방한다. 모든 "유색인들"은 우리 힘의 비밀을 들여다보고 잘 파악하여 그것을 이용했다. 일본인들은 30년 이내에 제1급의 기술적 지식의 소유자가 되었으며 러시아를 상대로 한 전쟁에서 전쟁 기술의 우월성을 입증했다. 그런데 그들의 교사들은 우월성을 그들에게서 배울 수 있었던 것이다. 오늘날 동아시아, 인도, 남아메리카, 남아프리카 등의 모든 지역에 산업 지대가 생겨났거나 그러한 단계에 있다. 그들은 낮은 임금으로 인해서 살인적 경쟁을 벌이고 있다. 백인 민족들의 대체할 수 없는 우선권은 낭비되고 탕진되며 누설되었던 것이다. 적들은 그들의 모범을 따라잡았다. 아니 유색 인종의 교활함과 태곳적 문명의 만개한 지성으로 백인들을 능가

---

19) 시골의 머슴과 철공 노동자의 임금 사이의 긴장이 벌써 이를 입증한다.

했는지도 모른다. 석탄, 석유, 수력이 있는 곳에서는 파우스트적 문화의 심장을 겨냥한 새로운 무기가 단련될 수 있다. 여기서 약탈당한 세계는 그 지배자에 대한 복수를 시작한다. 똑같이 숙련되고 훨씬 겸허하게 노동하는 무수한 유색인들의 손길에 의해서 백인들의 경제적 조직의 토대가 뒤흔들린다. 유색인들의 날품팔이꾼에 비해 대조적인 백인 노동자들의 습관화된 사치는 그들의 운명이 된다. 백인들에게는 노동력 자체가 넘쳐난다. 북부 탄광 지대에서 엄청난 광부들, 산업 기지들, 투자된 자본, 전체 도시들과 부랑자들은 경쟁에서 굴복할 위험에 처해 있다. 세계 전쟁이 백인에 대한 유색인의 존경심에도 종말을 고하게 된 이후 생산의 중점은 쉴새없이 바뀌고 있다. 이것이 백인 국가들에서 일어나는 실업난의 궁극적 이유이며, 이는 위기가 아니라 대파국의 시작인 것이다.

그러나 유색인 — 러시아인은 항상 여기에 포함된다 — 에게 파우스트적 기술은 내면적 욕망이 아니다. 파우스트적 인간만이 이 기술의 형식으로 사유하고 느끼며 살아간다. 그에게 기술은 **영혼적으로** 요구된다. 즉 그들은 기술의 경제적 성과가 아닌 승리를 필요로 한다: 필요한 것은 항해하는 일이지 살아남는 일이 아니다. "유색인"에게 기술이란 파우스트적 문명에 대항하는 전쟁 무기, 즉 목적을 달성했을 때 내던지는 숲속의 나뭇가지와도 같은 무기에 지나지 않는다. 기계 기술은 파우스트적 인간과 더불어 종말에 도달하게 되며 언젠가 파괴되어 망각될 것이다. 옛날 로마의 거리와 중국의 만리 장성과 마찬가지로 철도와 증기선 그리고 고대 이집트의 수도인 멤피스와 바빌론에 있었던 조각들과 꼭 마찬가지로 마천루들로 꽉 들어찬 우리의 대도시들은 모두 함께 파괴되어 망각 속에 파묻힐 것이다. 기술의 역사는 급격히, 피할 수 없는 종말에 다가간다. 그것은 여느 문화의 모든 위대한 형태들과 마찬가지로 내면적으로 붕괴될 것이다. 그것이 언제인지, 어떤 식으로 올 것인지는 아무도 모른다.

이 운명의 관점에서 우리에게 유익한 세계관이란 이미 언급했듯이 내용 없이 긴 삶보다는 차라리 풍성한 행위와 명예를 가진 짧은 삶을 영위하라!는 아킬레스의 세계관일 뿐이다. 모든 개인, 모든 계층, 모든 민족에게 위험은 너무나 커져서 무엇을 속인다는 것이 가련할 정도이다. 시간은 멈추어 서지 않는다. 현명한 회귀, 영리한 포기란 존재하지 않는다. 꿈꾸는 자만이 출구를 믿는다. 낙관론이란 비겁함일 뿐이다.

우리는 이러한 시대에 태어나서 우리에게 정해진, 종말에 이르는 이 길을 씩씩하게 가야만 한다. 다른 길이란 없다. 무너진 초소에서 아무런 희망도 구조도 없이 참고 견디는 것이 의무이다. 폼페이의 한 문 앞에서 발견된 어느 로마 병사의 해골처럼 참고 견디어야 한다. 베수비오(Vesuvio) 화산이 폭발할 때 사람들이 명령을 해제하는 것을 망각했기 때문에 이 병사는 죽어 갔던 것이다. 이것은 위대하고 훌륭한 일이다. 이 명예로운 종말은 인간에게서 앗아갈 수 없는 유일한 종말이다.

옮긴이 해설 및 부록

슈펭글러의 삶의 철학

《서구의 몰락》의 저자 O. 슈펭글러(1880~1936)는 고등 학교 교사로 알려져 있다. 그러나 정확히 말하면 그가 고교 교사로 있었던 것은 3년(1908~1911)의 짧은 기간에 지나지 않으며, 《서구의 몰락》이 출간되어 나온 1918/1922년에는 자유 문필가와 재야 학자로 활약하고 있었다. 여기서 우리가 특히 주목하고자 하는 대목은 이 주저를 바탕으로 한 슈펭글러에 대한 평가가 나치즘과 연관하여 대체로 부정적인 시각에서 이루어지고 있었다는 사실과 그것이 아마도 니체나 에른스트 융어에 대한 평가의 경우와 크게 다르지 않은 것으로 보인다는 점이다. 이 책 88면에 소개되는 글(칼 알버트)에 나오지만 슈펭글러에 대한 이러한 부정적 시각은 대체로 전혀 부당한 것은 아닌 것으로 보이며 이로 미루어 《서구의 몰락》의 대체적인 분위기를 감지할 수도 있을 것이다.

기술의 본질, 그리고 인간 삶의 본질에 대해서 확실히 파악하고 있는 《인간과 기술》이 출간된 이후인 1933년부터 슈펭글러가 나치즘에 대해서 회의적이고 비판적인 태도를 취하게 된다는 것은 시사하는 바가 적지 않다. 이와 연관하여 기술이라는 주제에 대해 《서구의 몰락》의 마지막 부분에서 겨우 12페이지밖에 할애하고 있지 않음은 매우 중대한 의미를 암시하고 있다. 과학과 기술의 비대화가 우리의 "고도 문화"(Hochkultur)를 파멸시키려 위협하고 있는 현 상황을 염두에 둔다면 이는 정말 놀라운 일이다. 세계사 발전의 기폭제로서의 기술이 없었더라면 현대 문명의 각종 병폐는 없었을 것이다. 그러나 이러한 일반적인 문명 비판은 우리의 문명이 안고 있는 엄청난 기술적 도약을 변명해 줄 수 없었고 바로 이러한 이유로 슈펭글러는 이 저서에서 기술에 대한 충분한 견해를 피력할 수 없었지 않았나 여겨진다.[1] 이에 대해 슈펭글러는 《인간과 기술》의 서문에서 "고도의 문화 집단"에 적용했던 고찰 방식을 "그 역사적 전제가 되는 근원으로부터의 인간의 역사에서" 확인하려는 것이 그의 의도였음을 밝히고 있다. 그리하여 인류 역사의 최고 형태를 기술의 역사와 동일시하고 있다. 《서구의 몰락》이 매우 광범한 연구 범위 설정과 중심 개념에 대한 철학적 조명을 결여하고 있는 데 반해 《인간과 기술》은 매우 간결하게 인류의 역사를 기술 현상의 측면에서 심도 있게 고찰하고 있다. 그의 기술 철학은 삶(생명)의 관점에서 이루어지고 있다는 점에서 니체·베르그송·딜타이의 경우와 같은 의미의 삶의 철학으로 간주되기도 한다.

---

1) G. Merlio : "Spengler und die Technik", in *Spengler heute*, hg. v. P. Ch. Ludz(München, 1980), 100면 참조.

《인간과 기술》은 손의 사용으로부터 오늘날의 광범한 기술 (Technologie)에 이르기까지 육식 동물로서의 인간을 묘사하고 있다. 슈펭글러는 철학적 인간학의 입장에서 기술을 원리적으로 정의하려고 시도한다. 《서구의 몰락》은 기술의 탄생을 종교적 신비, 예배, 과학과 문화 일반의 탄생과 연관짓고 있지만 《인간과 기술》은 더 이상 이에 대해서 언급하지 않으며, 셸러·겔렌·셸스키 등의 사상가들에 있어서처럼 기술 현상을 인간의 기관 결핍으로 환원시키지 않는다. 기술은 "전체적 삶의 전략"으로서 "삶 자체와 동일한 의미를 가지는 전투에 있어서의 절차의 내면적 형식"으로 이해되며, 기술의 "모든 위대한 발명과 기획은 승리를 기뻐하는 강한 인간으로부터 유래한다". 또한 슈펭글러는 진화를 생물이 점차 환경에 잘 적응해 간다고 보는 다윈식의 사고 방식에 만족하지 못하고 오히려 기술적 발전이란 힘에의 의지를 밑바탕에 끼고 있는 일종의 돌연변이라 본다. 기술이란 처음부터 강한 개인성의 지배욕의 산물이다. 그래서 환경을 약탈의 대상으로 여기는, 지배를 욕구하는 영혼에 수동적인 초식 동물의 영혼이 대립된다.

그런데 육식 동물로서의 인간은 다른 육식 동물과 또 다르다. 다른 육식 동물이 가지고 있는 기술은 언제나 세대에서 세대로 동일하게 전수되고 되풀이되는 "종족의 기술"인 데 반하여 인간의 기술은 발전하고 의도적으로 전달 가능하며 발명적이다. 인간은 손과 이 손이 연장된 것에 지나지 않는 도구에 의해서 갑자기 종족의 구속을 벗어나게 되었다. 인간은 원인과 결과를 눈을 통해서 알 뿐만 아니라 눈을 통해서 목적을 설정하고 손을 이용하여 그것을 실현시킬 줄 안다. 즉 수단을 위해서 도구를 제작해 내는 것이며, 이것이 인간을 인간답게 만드는 요인이 된다. 둘째 변화는 언어의 사용에서 비롯된다. 슈펭글러에게 언어란 낭만주의에 있어서처럼 "인류의 근원시"로 돌려지는 것이 아니라 "계획적 행위"와 "다양한 기획"을 하는, 다시 말해서 분업을 전제로 하는 조직(Organisation)을 가능하게 하는 "손의 사고"의 일환이다. "지도자의 일과 [그것을] 실행하는 일이 있다. 이것은 모든 다음의 시대에 대해서 전 인류의 삶의 기술적 근본 형식이 되었다." 기술은 인간을 그의 삶의 전략의 창조자가 되도록 했다. 그러나 그의 위대함은 동시에 그의 운명이다. 기술은 자연과 모든 것을 지배하려는 육식동물로서의 인간, 더구나 종족의 제약을 넘어서서 무한히 발전하려는, 모든 것에 승리하려는 이기적 인간, 곧 파우스트적 인간의 대변자이다. 파우스트적 기술 문명은 피의 바이킹족의 후예로서의 서구를 넘어서서 범지구적 지배력을 구축하고 있으나, 그것이 찬란하면 찬란할수록 몰락에의 징후는 그만큼 뚜렷해진다. 산꼭대기에서 구르기 시작한 돌덩어리가 바닥에 도달하기 시작할 즈음 속도가 가장 빠르듯이, 이제 이 기술 문명은 가장 빠른 속도로 몰락에 접근하고 있다. 몰락을 비켜갈 수 있는 샛길이란 없다. 몰락을 알고 있으면서도 그것을 피할 수 없는 인간의 운명은 오직 한 가지의 가능성만을 알려 주고 있다 : 떳떳하게 몰락을 맞으라!

　몰락을 외치면서도 어떠한 대안을 제시하지 않고, 그렇다고 해서 될 대로 되라는 무사안일주의를 합리화하지도 않으며, 그것을 아파하면서 일면 파우스트적 서구 문명에 경고의 메시지를 보내는 슈펭글러의 《인간과 기술》은 허무주의적 색채를 농후하게 띠고 있으나 동시에 이 허무주의를 극복하려는 의지가 암시되어 있다.

아쉽게도 이 문제를 계속 심화하는 데 있어 역자는 많은 제한점을 발견하기 때문에 추후에 기술 문제에 대한 획기적인 견해를 피력하기로 하고 그 대신 알버트의 슈펭글러에 대한 짧은 평가를 소개하기로 한다. 이 평가는 대부분을 《서구의 몰락》에 할애하지만 이를 통해서 슈펭글러에 있어서 《인간과 기술》이 차지하는 중요성을 파악할 수 있을 것으로 기대한다. 또한 저자가 슈펭글러를 니체·딜타이·베르그송은 물론 슐레겔·쇼펜하우어·귀요(Jean-Marie Guyau) 그리고 짐멜·레싱·클라게스·메서·카이절링(Hermann Graf Keyserling)·오르테가 이 가세트 등과 동렬에 서는 삶의 철학자로 평가하고 있음은 놀랍지만 전혀 근거가 없는 일은 아니다. 따라서 우리는 이 해석에 동조하는 입장을 지지한다. 그러나 뭐니뭐니해도 슈펭글러 철학의 가장 두드러진 특징은 그의 기술에 대한 지대한 관심이다.

오스발트 슈펭글러*(Oswald Spengler)

20세기의 학문적 저작 중에 위대한 성공작의 하나는 제1차 세계 대전이 종식된 바로 직후 출간된 슈펭글러의 《서구의 몰락》이었다. 이 저서는 열렬한 지지를 얻었으나 그만큼 열렬한 거부 반응도 불러일으켰다. 오늘날에는 여전히 거부 반응만을 불러일으키고 있는 것으로 보인다. 루카치가 이 저작을 "파시즘 철학을 위한 실제적이고 직접적인 전조"[1]라고 비난했다는 것에 대해 어느 누구도 놀라워할 수 없을 정도이다. 그러나 이 저작이 비마르크스주의 진영에 의해서도 전혀 평가받지 못한다는 것은 참으로 놀라운 일이다. 게오르기 시슈코프(Georgi Schischkoff)가 편집한 전문 사전인 《철학 사전》에서조차 슈펭글러의 이 저서는 사실적으로가 아닌 공격적으로 실려 있다. 거기에는 다음과 같이 적혀 있다 : "이 책은 당시에도 벌써 심

＊ Albert, K. : *Lebensphilosophie. Von der Anfängen bei Nietzsche bis zu ihrer Kritik bei Lukacs*(Freiburg/München, 1995), 143~149면.
1) 전집 9, 403.

하게 비판받았으며 그 이후 점차 부정적으로 평가받고 있다. 그 이유는 주로 그 책에 등장하는 철학적으로 어중간한 지식과 … 사실에 대한 예찬 때문이다. … 전체적으로 볼 때 슈펭글러는 세계의 역사를 파악하는 데 있어서 이념과 사실, 정신과 현실의 불일치라는 참으로 어려운 문제를 값싸고 효과적인 수단을 동원하여 단순화시키는, 정말 평탄한 형태학주의 (Morphologismus)를 지지한다."[2] 이에 반해서 아우구스트 메서는 이 저작이 성공한 이유를 "철학적으로 정초된, 통일적이고 개성적인 세계관과 인생관에 의한 자료의 탁월한 운용과 회통"[3]에서 찾는다. 주목할 만한 다른 평가는 "마이어 백과 사전"에 다음과 같이 실려 있다 : "그 반민주주의적 태도에 있어서 슈펭글러는 나치즘의 정신적 개척자로 여겨지며, 특히 1933년 이후에는 나치즘에 대해서 회의적이고 비판적으로 대립했다."[4]

1

오스발트 슈펭글러는 1880년 하르츠 군(郡) 블랑켄부르크의 한 우체국 직원의 아들로 태어나 1936년 뮌헨에서 사망했다. 그는 할레와 뮌헨 그리고 마지막에는 다시 할레에서 처음에는 수학과 자연 과학을, 다음에는 철학을 공부했으며, 동물학·식

---

2) *Philosophisches Wörterbuch*, 22, 서문(Stuttgart, 1991), 684면.
3) *Oswald Spengler als Philosoph*(Stuttgart, 1922), III면.
4) Spengler, O. : *Jahre der Entscheidung*(München, 1933) 참조.

물학 · 철학 예비학으로 국가 고시를 마치고, 신칸트 학도인 알로이스 릴(Alois Riehl)에게서 "헤라클레이토스 철학의 형이상학적 기본 사상"[5]이라는 주제로 박사 학위 논문을 썼다. 1908년부터 1911년까지 슈펭글러는 고등 학교 교사를 지냈으며, 그 후에는 뮌헨에서 재야 학자와 작가로서 생활했다.

슈펭글러의 박사 논문은 "헤라클레이토스. 그의 철학의 역동적 근본 사상에 관한 연구"라는 제목으로 출판되었다. 그것은 슈펭글러가 죽은 다음 그의 《대화와 논문들》[6]의 모음집에서 다시 한 번 출간되었다. 그것은 이 모음집의 1~47면에 나온다(당시에 철학 박사 논문은 이렇게 짧을 수 있었다!). 나는 이 논문의 마지막 문장들에서 헤라클레이토스가 이미 삶의 문제로부터 해석하고 있는 한 부분을 인용한다 : "단호한 법칙이 주재하며 조화가 의연히 유지되는 우주에 있어서 삶의 내용을 이루는, 영원히 지속하며 결코 멈추지 않는 투쟁이라는 사상은 그리스 예술의 드높은 창조이다. 이 사상가는 본래적인 자연 탐구보다도 이 예술에 훨씬 가까이 서 있었다."[7]

2

슈펭글러의 주저에 대해서 살펴보면, 전체 제목은 《서구의 몰락. 세계사의 형태학 개요》[8]이며 지금까지 10만 부 이상이

---

5) (Halle, 1904).
6) (München, 1937).
7) 같은 책, 46면.

팔렸다.

　인상 깊은 충만성과 다기한 문화사적 개별 사실을 포함하며 암시하는 이 저작의 근본 사상은 그럼에도 불구하고 단순하여, 상이한 문화들은 살아 있는 유기체와 마찬가지로 상이한 국면, 즉 초창기·발전기·성숙기·쇠퇴기를 거친다는 것이다. 슈펭글러에 있어서 이것은 다음을 뜻한다 : "모든 문화는 개인의 연령 단계를 거친다. 개인은 유년기·소년기·장년기·노년기를 가진다."9) 슈펭글러는 무엇보다도 이 국면을 기원후 900년경에 시작되는 인도 문화, 고대(그리스) 문화, 아랍 문화, 서양 문화에서 제시한다. 그러나 슈펭글러의 책에서 그렇게도 고무적인 것은 이러한 제시가 아니라 서구의 문화가 현재 쇠퇴의, 몰락의 국면에 있다는 명제이다(고대 문화가 이미 로마 제국의 종언과 더불어 이 단계에 도달했듯이).

　동일한 것이 슈펭글러에 있어서 한편으로는 삶의 사상과, 다른 한편으로는 강단 철학에 대한 예리한 비판과 결합된다. 통합본 서문에서 이미 슈펭글러는 강조하기를, "정의(定義) 대신에 삶에 대한 일가견을 추구하는 진지한 독자"10)를 염두에 두고 있다고 말한다. 그러나 삶은 언제나 역사적이다(여기서 슈펭글러는 딜타이와 일치한다). "모든 진짜 역사 고찰은 진짜 철학이다―그렇지 않으면 단순한 개미의 작업이다."11) 슈펭글

---

8) 제1권(Wien, 1918), (München, 1922). 양 권을 모두 포함한 1249면 분량의 합본판은 1923년 뮌헨에서 비로소 출간되었다.
9) *Untergang des Abendlandes*, 144면.
10) 같은 책, IX면.
11) 같은 책, 57면.

러에 의하면 철학적 사유의 대상과 문제는 언제나 동일했다고 가정한다면 강단 철학은 잘못이다. 왜냐하면 "모든 철학은 그 시대, 오직 그 시대의 표현이며 판단 형식과 느낌의 범주들에 관한 그 어떠한 아카데믹한 사소함이 아닌 진정한 철학에 대하여 언급하려고 할 때 동일한 철학적 의도를 가졌던 두 세대란 존재하지 않는다."[12] 한 철학의 "학문적 복장"과 "현학적 얼굴"은 중요하지 않다. "삶에 대한 필연성만이 가르침의 등급을 결정한다."[13] 슈펭글러는 공자(孔子)·피타고라스·라이프니츠 등과 같이 정치적으로 영향력을 가졌던 철학자들이 존재했다는 사실을 예로 든다. 그 다음에 그는 매우 적나라하게 다음과 같이 삽입한다 : "조그맣고 평화스러운 공동체 열광자이며 국가 통치와 규모가 큰 정치에 대한 적대자인 노자(老子)와 더불어 비로소 시작되는 강단 철학과 골방 철학의 세계 소원성과 사실 혐오가 나타난다."[14] 그러나 노자는 골방 철학자가 아니라 바로 삶에 기여하는 인간 의식의 심층을 꿰뚫어보는 사상가이다. 삶이란 그에게는 최고의 가능성을 보여 주는 것이다. 삶에서는 무엇보다도 개인의 삶이 소중한 것이다. 물론 삶은 일정한 역사적·사회적 상황에서 나타나기 마련이지만 그 때마다의 개인에 의해서 영위되는 것이다.

　나는 여기서 슈펭글러의 방대한 저작에 상세히 들어갈 수 없다. 나는 다만 이 저작의 삶의 철학적 성격을 제시하고자 한

---

12) 앞의 글.
13) 같은 책, 58면.
14) 같은 글.

다. 슈펭글러는 에커만에 대한 괴테의 다음과 같은 진술에 자기 자신의 전체 철학이 포함되어 있음을 깨닫는다.[15] "신성(Gottheit)은 죽은 것이 아닌 살아 있는 것에서, 생성된 것과 정체된 것이 아닌 생성하는 것과 변화되는 것에서 작용한다. 그러므로 이성도 신적인 것을 향한 그의 경향상 오직 생성하는 것, 살아 있는 것과 관계하지만, 오성은 그가 사용하는 생성된 것, 정체된 것과 관계한다." 이는 철저히 삶의 철학적 사상이며 비단 슈펭글러의 동의만 얻는 것이 아니라 클라게스와 테오도어 레싱에 있어서도 발견될 수 있을 것이다.

　마지막으로 슈펭글러가 자신의 철학에서 괴테와 더불어 가장 영향력 있는 사상가로 부르는 니체와 관련되는 한 가지를 제시한다. 슈펭글러는 모든 문화는 역사일 뿐만 아니라 그 역사를 특징짓는 "영혼"으로 본다. 슈펭글러는 고대(그리스) 문화의 영혼을 "태양신적 영혼", 서구 문화의 영혼을 "파우스트적 영혼", 아랍 문화의 영혼을 "마법적 영혼"이라 부른다. 태양신적인 것의 개념은 니체의 《비극의 탄생》에서 상세히 전개되며 "파우스트적인 것"의 개념은 괴테의 《파우스트》와 관계한다. 이 구별은 무엇을 표현하고자 하는가? 슈펭글러에 있어서 이 구별은 전체 저작을 관통한다. 나는 몇 가지를 인용한다 : "벌거벗은 인간의 입상은 태양신적이고, 플루트 예술은 파우스트적이다. 기계론적 정역학(靜力學), 올림피아 신들의 관능적 제식, 정치적으로 개별화된 그리스의 도시들, 오이디푸스왕의

---

15) 앞의 책, 68면 주해.

운명과 남근의 상징 등은 아폴로신적이다. 갈릴레이의 동역학, 신구교의 교의, 의회 정치를 거느린 바로크 시대의 왕조들, 리어왕의 운명과 단테의 베아트리체로부터 《파우스트》 2부의 종장에 이르기까지의 성모 마리아의 이상 등은 파우스트적이다."[16] 간단히 말해서 이는 동역학에 대립하는 정역학, 무한성에 대립하는 유한성, 생성에 대립하는 존재를 뜻한다. 이들도 모두 삶의 철학적 범주들이다.

3

슈펭글러는 《인간과 기술 : 삶의 철학에 대한 기여》라는 1931년의 작은 저서에서 삶의 철학에 대하여 분명히 고백한다. 슈펭글러는 이 저서에서 《서구의 몰락》에서 행한 그의 고찰을 기술에 대한 인간의 관계를 수단으로 하여 인류 발전의 보편사로 확장한다. 기술 문제는 19세기에 등장하며 처음에는 축복이었던 것이 점차 그 그늘진 측면을 보여 주고 있다. "인류의 목표는 노동의 가능한 한 커다란 부분을 개인에게서 덜어서 그것을 기계에게 부과시키는 데 있다. '임금 노예의 비참함'에서 해방과 오락, 쾌적, '예술 향연'에 있어서의 평등, 후대의 세계적 대도시들의 '빵과 곡마(曲馬)'가 고지된다."[17]

그러나 기술을 구태여 기계 시대에 있어서 비로소 연구할 필요는 없다 : "기술은 사실상 매우 오래 된 것이다. … 기술은

---

16) 앞의 책, 235면.
17) *Der Mensch und die Technik*, 3면.

전체 삶의 전략이다. 그것은 전투에서의 절차의 내면적 형식이며 그 형식은 삶 자체와 동일한 의미이다."[18] 기술이란 기계나 도구가 아닌 삶의 투쟁에서 이해되어야 한다. 이러한 의미에서 기술이란 동물에게도 이미 존재한다. 그러나 인간은 초식 동물과는 반대로 육식 동물(맹수)이다. 그는 삶의 투쟁에서 3단계로 나아간다 : 우선 도구를 제작하여 사용하고, 다음에는 언어를 기초로 한 계획적인 공동의 행위를 국가 조직에 있어서의 행위로까지 확대하며, 마지막으로 "기계 문화"를 이룩한다. 이 기계 문화에 있어서 인위적으로 만들어진 세계는 자연적인 세계를 중독시키며 "파우스트적 인간"의 세계 지배는 종말에 이른다. 이 사상은 오늘날 또다시 매우 현실성을 띠고 있다.

---

18) 앞의 책, 5면.